닌텐도 이야기
NINTENDO

Copyright ⓒ 2009, 김영한
이 책은 한국경제신문 한경BP가 발행한 것으로
본사의 허락없이 이 책의 일부 또는
전체를 복사하거나 전재하는 행위를 금합니다.

닌텐도 이야기
NINTENDO

김영한 지음 | 김현철(서울대 일본기업전공 교수) 추천

한국경제신문

| 추천사 |

　일본 기업을 연구하는 연구자들 사이에서 닌텐도는 지금까지 관심 밖의 기업이었다. 일본 자동차산업을 대표하는 도요타나 일본 전자산업을 대표하는 소니SONY, 파나소닉(전 마쓰시타 전기) 등이 주요 연구 대상이었다.
　닌텐도가 주요 연구 대상이 되지 못한 데에는 몇 가지 이유가 있다. 하나는 자동차나 전자제품과 달리 닌텐도가 만드는 제품은 장난감 수준인 데다 주 고객층이 어린이들이었기 때문이다. 또한 일본 기업 하면 생산 제조가 주목을 받는 데 비해 닌텐도가 만드는 제품은 소프트웨어와 하드웨어가 조합되어 있고 하드웨어의 대부분을 아웃소싱으로 만들었기 때문이다. 더구나 닌텐도는 대단히 폐쇄적인 기업으로 소문이 나 있어 상장기업임에도 불구하고 좀처럼 회사정보가 외부로 노출되지 않았기 때문이다.

물론 닌텐도가 연구대상에서 완전히 도외시된 것만은 아니었다. 닌텐도가 주목을 받은 경우는 두 차례 있었다. 첫 번째는 소니와의 게임 전쟁 때였다. 소니가 '플레이스테이션play station'을 출시하여 게임시장에 진입한 뒤 닌텐도의 시장점유율을 완전히 역전시켜 버린 때였다. 하지만 이때에도 관심의 주역은 소니였지 닌텐도가 아니었다. 소니는 새로운 비즈니스 모델을 만들어 시장점유율을 역전시킨 도전적인 기업으로 각광받았고, 그 주역이었던 구타라기 사장이 새로운 영웅으로 등장했다. 그에 비하면 닌텐도는 오히려 유통을 지나치게 지배하고 소프트웨어 회사들을 착취한 공공의 적으로 간주되었다. 당시 닌텐도의 야마우치 사장은 독불장군 식 리더로 지탄을 받기도 하였다.

두 번째로 닌텐도가 또다시 주목을 받았던 때는 교토를 근거로 한 기업들과 그 경영방식이 주목을 받았을 때였다. 교토에 본사를 둔 기업들은 도쿄나 오사카 등에 본거지를 둔 일본 기업들과는 다른 방식으로 세계적인 경쟁력을 구가하고 있었다. 그 경쟁력의 원천이 무엇인지 연구할 때 교토에 본사를 둔 닌텐도도 함께 주목을 받았다. 하지만 역시 주연은 교세라나 일본전산, 무라타제작소 등이었으며 닌텐도는 조연에 불과하였다.

하지만 최근 닌텐도는 최고의 각광을 받고 있다. 2004년에 '닌텐도DS'를 출시하면서 휴대용 게임기 시장을 석권하더니 2006년에는

'닌텐도위wii'를 출시하여 가정용 게임기 시장마저 석권하였다. 이러한 성공을 바탕으로 닌텐도는 장기불황에 허덕이던 일본 기업들 속에서 나 홀로 성장을 거듭하였다.

더구나 그 후 세계적인 금융위기 속에서 도요타와 소니, 파나소닉 등 일본을 대표하는 기업들마저 휘청거릴 때 닌텐도만은 독야청정 성장을 거듭하더니 급기야는 시가총액에서 혼다나 캐논, NTT 도코모NTT Docomo 등을 능가해버렸다.

닌텐도의 쾌진격은 일본에만 머물지 않았다. 전 세계적으로 닌텐도DS와 닌텐도위가 각각 1억 대 이상 판매되었다. 영국의 엘리자베스 여왕이 닌텐도위로 볼링 게임을 즐기고, 미국 공립학교에서 닌텐도 두뇌게임을 활용해 교육을 하는 현상까지 벌어지고 있다. 닌텐도는 하나의 상품이 아니라 우리의 생활문화까지 바꾸어버리는 괴력을 발휘하고 있는 것이다.

이러다 보니 한국의 이명박 대통령까지 나서서 "왜 우리는 닌텐도와 같은 제품을 만들지 못하는가"라며 탄식하는 현상까지 벌어졌다.

이렇게 닌텐도에 대한 관심과 궁금증은 증폭해 있는 상황이지만 닌텐도에 대한 변변한 분석서는 찾아보기 힘들다. 최근 한국에서 《닌텐도의 비밀》이라는 책이 출판되기도 하였지만 이 책은 1996년까지의 이야기들이 담겨 있어 정작 우리가 궁금해하는, 그리고 닌텐도에 있어서 가장 중요한 시기인 2000년 이후의 이야기가 없다.

이번에 김영한 교수가 닌텐도를 제대로 분석한 책 《닌텐도 이야기》를 출간했다. 저자는 120년 동안 게임산업의 치열한 경쟁 속에서 뚝심 좋게 살아남은 닌텐도를 다윈의 진화론을 매개로 흥미롭게 분석해내었다. 닌텐도에 관심 있는 모든 분들에게 좋은 참고서가 될 것이라 믿는다.

김현철(서울대 국제대학원 일본기업전공 교수)

| 프롤로그 |

왜 닌텐도를 주목해야 하는가

"왕이 미워하는 신하가 하나 있었다. 그런데 왕은 그 신하에게 커다란 집을 하사하였다. 신하는 어리둥절했지만 '이게 웬 횡재냐!' 며 신이 나서 왕으로부터 하사받은 큰 집 꾸미기에 여념이 없었다. 그래서 큰 집에 어울리는 새로운 가구를 들여오고 여러 명의 하인을 새로 데려오는 등 집을 유지하기 위해 마구 돈을 써대기 시작했다. 결국 이 신하는 돈을 펑펑 쓰다가 몇 년 가지 않아 많은 재산을 탕진하고 걸인이 되었다."

우리나라 기업들은 한때 미국의 GM, GE, 씨티뱅크와 같은 대기업이 되기 위해 외형을 키우고 생산시설을 늘렸다. 덩치를 키우고, 글로벌 경쟁을 외칠 만큼 세계 초일류 기업이 되겠다는 기세는 하늘을 찌르고도 남을 정도였다.

그러나 세계적인 경제위기가 다가오자 우리가 벤치마킹하던 기업들이 모두 위기를 맞고 있다. 갑자기 역할모델이 사라진 것이다. 그러자 우리 기업들도 패닉에 가까운 상태가 되어버렸다. 도대체 우리 기업은 어디로 가란 말인가? 누구의 뒤를 좇아가야 한단 말인가? 배움과 동경의 대상이었던 미국과 일본 기업들이 파산을 운운하는 이때에 도대체 어떻게 해야 위기를 돌파할 수 있을까?

이처럼 전 세계가 암울한 먹구름이 잔뜩 낀 경제상황에서 갈피를 못 잡고 있는 불황인데도 승승장구하는 회사가 있다. 일본의 게임회사인 닌텐도任天堂가 바로 그 주인공이다. 일본뿐 아니라 한국을 비롯한 전 세계의 기업들이 대부분 마이너스 성장을 기록한 2008년에도 닌텐도는 경이적인 성장을 하였다. 심지어 최근 3년간 회사 매출은 4배나 뛰어올랐다.

이 화려한 성적표의 이면에는 닌텐도의 절치부심, 와신상담이 숨어 있다. 세계 최고의 업체라 할 수 있는 소니와 마이크로소프트Microsoft의 협공으로 한때 존폐 위기마저 겪어야 했던 시절이 불과 몇 년 전이었다. 그렇지만 그들은 다시 일어섰다. 그리고 세계 최고의 게임기 회사로 등극하여 새로운 바다를 향해 순조로운 항해를 하고 있다. 닌텐도 역시 생사의 기로에 서 있는 현재 기업들처럼 한때 위기에 빠졌었지만 위기를 극복함은 물론이고 '온리 원Only One'의 자리까지 차지한 것이다. 그들은 과연 어떻게 위기에서 탈출하고 성공 신화를 쓸 수 있었을까?

닌텐도 신화의 원동력은 바로 '진화'를 거듭해온 그들의 생존능력에 있다. 닌텐도는 지난 120년 동안 줄곧 위기와 변화에 대처하며 존재해왔다. 그것 자체가 '진화'의 과정이었다. 그들이 만든 120년 전의 오락도구는 그저 공방에서 만드는 카드 수준이었다. 화투에서 장난감으로, 8비트 게임기에서 무선 컨트롤러로 즐기는 게임기까지 그들은 진화한 것이다. 이러한 진화의 결과로 닌텐도는 숱한 위기와 '적자생존'의 법칙에서 살아남을 수 있었다.

'닌텐도위wii'와 '닌텐도DS'가 그랬듯 그들은 늘 게임기 역사의 패러다임을 바꾸어왔다. 그것은 닌텐도 자체의 진화뿐만 아니라 게임이란 '종種' 전체를 함께 진화시켜, 그야말로 '종의 진화'를 이루어냈다. 닌텐도 자체가 갈라파고스 제도이고, 살벌한 기업 경쟁과 생존의 축소판이었던 셈이다.

이렇듯 닌텐도의 역사를 보면 다윈이 말한 진화론의 법칙 즉, 내부진화, 동종경쟁, 공진화共進化, Co-evolution, 적자생존, 잡종강세, 돌연변이, 자연선택 등을 자연스럽게 떠올릴 수 있다. 닌텐도 자체가 진화를 거듭해왔던 만큼 이 책 역시 다윈의 진화법칙 속에서 닌텐도를 들여다보았다. 무섭도록 변하는 경영환경과 문화현상 속에서 닌텐도는 천국과 지옥을 모두 맛보았다. 승자의 위치에서 샴페인을 터뜨리기도 하고, 패자의 울분으로 절치부심하며 재기의 기회를 노리기도 했다. 이런 과정 자체가 진화였다. 환경의 변화, 적응, 경쟁, 생존, 선택 등 그들은 자신들의 '업業'에 충실하며 끊임없이 진화를 선택한 것이다.

경제위기의 파고는 아직 가라앉을 기미가 보이지 않는다. 기업의 입장이나 개개인의 상황을 보더라도 지금 우리를 덮치고 있는 쓰나미는 분명 위험한 기후변화, 다시 말해 경영과 생존 환경의 변화를 보여주며 '진화'를 요구한다. 일시적인 소나기나 태풍이 아니다.

이 책은 닌텐도의 화려한 실적과 뛰어난 제품을 부러워하고 그들을 무작정 따라하자는 전시성 구호의 반복이 아니다. 무엇보다 중요한 것은 지금 나의 위치와 기업의 위치를 정확히 파악하고 진화의 방향을 제대로 잡아야 한다는 것이다. 갈라파고스 제도의 핀치새가 곱고 예쁜 새의 부리를 부러워만 하고 스스로 진화하지 않았더라면 멸종의 길에 들어섰을 것이다.

모쪼록 이 책이 적자생존의 냉엄한 현실 앞에서 기업은 물론이고 개인의 진화까지 모색할 수 있는 좋은 길잡이가 되길 바란다.

2009년 4월
김영한

 **차례**

추천사 _004
프롤로그 | 왜 닌텐도를 주목해야 하는가 _008

1장 돌연변이를 새로운 종으로 키우다

일본의 스티브 잡스, 이와타 사토루 킬러 아이디어, 프레임을 바꿔서 보라 _019
닌텐도DS의 개발 같은 종에서 진화는 계속된다 _025
닌텐도위의 개발 진화는 진화한다 _029

2장 자기 진화를 통해 경쟁력을 확보하다

닌텐도의 탄생 놀이를 비즈니스로, 아이디어는 가까운 곳에 있다 _039
놀이를 문화로 진화시킨 닌텐도 제품에 스토리를 담으라 _043
화투와 카드, 전국 판매유통망을 확보하다
　　기회 포착, 발상의 전환으로 시장을 창출하라 _047
2대 회장 세키료, 닌텐도를 재정비하다
　　빠른 판단과 신속한 의사결정이 중요하다 _051
야마우치 히로시, 닌텐도 3대 회장으로 취임하다
　　지속적인 변화, 과거의 영광은 단지 유물일 뿐이다 _055

온 가족이 함께 하는 카드를 만들다
　　자기 진화를 통해 시장을 확대하라 _ 059
잘못된 판단, 거듭된 실패 도전과 무모함을 혼동하지 말라 _ 062
닌텐도, 울트라핸드로 제2의 전성기를 열다
　　혁신은 반짝 유행이 아니라 끈기와 집념의 산물이다 _ 066
광선총 개발로 해외 수출의 길을 열다
　　성공 관성의 법칙, 성공에 힘을 더하면 가속도가 붙는다 _ 072

3장 동종 경쟁을 치르다

TV게임 출시로 오일 쇼크를 극복하다 위기에서 기회를 찾다 _ 081
세계 최초로 휴대용 게임기를 만들다 관찰하라, 그럼 얻을 것이다 _ 086
가정용 게임기 패미콤의 등장 도전에 끝이란 없다 _ 089
게임은 무조건 쉽고, 재미있으며 저렴해야 한다
　　현상이 아니라 본질을 꿰뚫어보다 _ 093
'게임의 신' 미야모토, 닌텐도에 입성하다
　　새로운 것을 디자인하는 것, 그게 바로 창조이다 _ 098
슈퍼마리오, 게임의 역사를 다시 쓰다 킬러 콘텐츠를 개발하라 _ 103
'아타리 쇼크'의 교훈 재미와 흥미가 없으면 죽는다 _ 107

4장 진화는 늘 보이지 않는 곳에서 이루어진다

생존을 위협하는 경쟁자의 출현 블루오션은 없고 공진화만 있다 _ 117

세가의 거침없는 공격을 받다 경쟁적 동반자는 진화의 필요조건이다 _ 122

세가와 NEC, 그 이상의 경쟁자를 의식하다
    더 넓은 곳을 보라, 경쟁 상대는 눈앞에만 있지 않다 _ 127

닌텐도와 야마우치의 차별화 전략 선택과 집중의 핵심역량이 승부처다 _ 132

오직 게임만을 생각하는 닌텐도 개발자들 미쳐야 미친다, 몰입하라 _ 136

미야모토식 '밥상 엎어버리기' 버릴 줄 알아야 더 큰 것을 얻는다 _ 141

닌텐도 진화의 핵심 키워드
    진화의 열쇠, 흐름은 맞서는 게 아니라 타는 것이다 _ 146

5장 살아남은 자가 강자다

소니의 도전 I 소니의 전략적 제휴의 수를 읽다 _ 155

소니의 도전 II 살아남기 위해 자신을 깨부수다 _ 160

소니에게 속수무책으로 당하다 강점은 강화하고 약점은 보완한다 _ 164

또 다른 경쟁자, 마이크로소프트의 등장
    변화의 흐름을 감지하지 못 하면 도태된다 _ 170

게임 업계는 천국 아니면 지옥이다 결단은 빠를수록 좋다 _ 175

6장 잡종을 활용하다

야마우치, 닌텐도의 미래를 생각하다
    CEO는 미래를 만들어가는 선장이다 _ 185

닌텐도DS 개발의 주역, 이와타 사토루를 CEO로 영입하다
    우세한 잡종이 성공을 이끈다 _ 190

이와타 사장의 필살기, 경청 경청의 두 가지 의미를 깨닫다 _ 195

이와타, 닌텐도 재건에 나서다
    발상의 전환, 필사적 커뮤니케이션으로 이루다 _ 198

가미카제식 전략으로 미국 시장을 공략하다
    용기 있는 결단, 상대방의 핵심을 공략하다 _ 204

'게임 본능'으로 업계를 평정하다 제품이 아닌 문화를 만들다 _ 209

7장 기본과 원칙이 승리한다

아무도 찾지 못한 게임의 블루오션을 찾다
    새로운 지장, 마켓 캔버스를 정확히 그리다 _ 217

닌텐도, 합의의 조직 문화 더디게 가도 제대로 가면 된다 _ 222

닌텐도의 8가지 성공법칙 닌텐도의 보이지 않는 경쟁력 _ 226

에필로그 | 지금도 모든 것은 진화하고 있다 _ 244
부록 1 | 진화경제학 _ 250
부록 2 | 닌텐도 히스토리 _ 254
부록 3 | 창조적 진화를 이끄는 다윈 워크숍 _ 256

1장

돌연변이를
새로운 종으로 키우다

한 생물이 새로운 환경에 적응하기 위해

진화하는 시간은 상당히 오래 걸린다.

예컨대 공중을 날아가는 일에

익숙해지려면 한 세대가 걸릴 수 있다.

그러나 일단 날아가는 일에 성공한다면,

짧은 시간에 갖가지의 모습으로

변화한 다수의 종류가 생겨나

온 세계로 퍼질 것이다.

NinTenDo

일본의 스티브 잡스, 이와타 사토루
: 킬러 아이디어, 프레임을 바꿔서 보라

1970~80년대만 하더라도 세계 각국은 자국 시장을 활성화하고 경쟁력을 갖추기 위하여 내수산업 발전에 많은 힘을 기울였다. 힘을 비축한 각국의 기업들은 우물 안 개구리 신세에서 벗어나 보다 넓은 시장을 차지하기 위해 이른바 '경제세계대전經濟世界大戰'에 돌입한다.

내수 시장에서 힘을 기른 기업들은 적극적으로 글로벌 시장 개척에 뛰어들었고, 1990년대 후반부터 자사 제품의 경쟁 상대는 글로벌 1위 기업의 세계 일류 상품이 되었다. 이런 글로벌 경쟁은 기업의 입장에서 볼 때 내수시장에서 글로벌 시장으로의 확대였고, 이는 곧 수익 확대를 뜻하는 것이었다. 그러나 뒤집어 생각하면, 소비자들은 제한된 자국의 제품에서 글로벌 제품을 접하게 되어 선택의 기회가 훨씬 많아진다는 것을 의미한다. 결국 시장의 확대는 경쟁의 확대라는 불청객도 함께 맞이해야 한다. 이것은 곧 기회이자 위기일 수 있다는 말이다.

또 시장은 갈수록 제품의 생산과 판매에 있어서도 훨씬 높은 수준의 전략을 요구하였다. 과거에는 생산단가를 낮추어 싼 제품으로 박리다매의 전략을 취하거나, 혹은 반대로 고품질의 명품 브랜드 전략 중 하나만 선택해서 기업의 포지셔닝을 정하면 됐다. 그러나 이제 소비자들은 그런 단순한 구조에 만족하지 못한다. '싸지만 품질은 좋은' 제품이어야 시장에서 팔리는 시대가 온 것이다. 실용적인 구매 기준과 막강해진 소비자 파워를 생각한다면 기업들은 재빨리 이런 흐름에 동참해야 한다.

'높은 품질에 낮은 가격'이란 말은 분명 모순이다. 그러나 이 모순을 해결해야지만 새로운 시장의 창출과 수익을 기대할 수 있다. 즉 '킬러 아이디어 Killer Idea'를 제시해야만 한다.

일본의 스티브 잡스라 할 수 있는 닌텐도의 이와타 사토루는 글로벌 경쟁의 본질을 꿰뚫어봤다. 그는 '높은 품질에 낮은 가격'이란 문제를 탁월하고 멋진 아이디어로 풀어버렸다. 그래서 탄생한 것이 바로 '닌텐도DS'이다.

휴대용 게임기이지만 화려한 그래픽과 운영체제를 갖춘 소니의 'PSP'는 당연히 가격이 비쌌다. 'PSP'가 25만 원 정도라면 '닌텐도DS'는 14만 원 내외에 불과했다. 이처럼 가격도 싸고, 게다가 한 단말기에 화면이 2개나 있으며, 다양한 소프트웨어를 제공하여 학습, 오락 등을 즐길 수 있게 한 '닌텐도DS'의 출현은 시장의 판도를 뒤바꾸어버렸다. 이처럼 탁월하고 멋진 아이디어를 내려면 자신이 가지고 있는 고정관념을 버리고 문제의 본질을 해결하려는 사고를 가져야 한다.

돌이켜보면, 닌텐도와 이와타가 생각의 프레임을 바꿀 수밖에 없었던 것은 어쩔 수 없는 선택이기도 했다. 소니가 플레이스테이션을 출시하면서 비롯된 고사양의 게임기 경쟁에서 밀려난 닌텐도는 당시 유행으로 번지고 있던 온라인 게임에도 선뜻 뛰어들지 못했다. 그 분야는 마이크로소프트가 커다란 영향력을 행사하고 있었기 때문다. 결국 새로운 시장을 만들어내야만 했다. 새로운 시장을 만들어내기 위한 킬러 아이디어는 기존의 틀에서 벗어난 생각에서부터 만들어진다.

이와타는 그동안 경쟁사들이 간과했던 게임의 非고객인 어린이와 성인들도 게임을 즐길 수 있을 것이라고 생각했다. 게임기의 고객을 5세에서 95세인 모든 사람으로 확대해서 생각했다. 영화에도 폭력 영화가 있고 성인영화도 있고 온 가족이 함께 즐길 수 있는 가족

영화도 있다. '온 가족이 함께 즐길 수 있는 새로운 콘셉트의 게임기'를 만들기 위해 이와타는 게임을 하지 않는 사람들에 대한 분석을 시도했고, 다음과 같은 결과를 얻었다.

- 게임 소프트웨어의 내용과 플레이가 어렵다.
- 폭력적인 게임이 많다.
- 게임기 크기가 커서 불편하다.
- 게임기가 비싸다.
- 별다른 재미를 느끼지 못한다.

이 중에서도 게임의 가장 본질적인 부분을 언급한 '별다른 재미를 느끼지 못한다'를 핵심 문제이자 선결과제로 생각했다. 그리고 이 문제의 원인에 대해서 추가 분석하였다.

- 키보드 조작이 어렵다.
- 사용 방법이 복잡하다.
- 어른에게 맞는 게임 소프트웨어가 없다.
- 혼자서만 즐길 수 있다.

사람들이 재미를 못 느끼는 가장 큰 이유는 '사용 방법이 복잡하다'는 것이었다. 여가를 즐기고, 머리를 식히려고 게임을 하는 것인데 반대로 이로 인해 스트레스를 받는다니 말이 되는가.

이와타와 닌텐도의 개발자들은 기존 게임기들이 안고 있는 본질적인 문제점을 해결할 수 있는 새로운 발상과 '높은 품질에 낮은 가격'이라는 모순을 해결하기 위해 내놓은 것이 바로 '닌텐도DS'다. 휴대용 게임기의 선구자인 닌텐도는 자신들의 기술력을 십분 활용하여 '쉽고 재미있는, 그리고 저렴한' 제품을 만들어낸 것이었다.

킬러 아이디어는 새로운 트렌드를 창조할 뿐만 아니라 한 기업의 아이덴티티까지 규정한다. 애플의 아이팟은 굳이 제품명을 보지 않아도 그 존재를 알 수 있다. 그리고 '심플하고 세련된 디자인'이란 아이덴티티와 더불어 이후 모든 MP3 플레이어의 디자인 판도를 바꾸어놓았다. 이 제품은 애플의 기사회생을 알리는 회심의 역작이기도 했다. 그러나 가만히 들여다보면 기존의 MP3 플레이어 제품들이 복잡한 기능과 고사양으로 치닫고 있을 때 정반대의 콘셉트, 즉 '쉽게 조작하고 음악을 듣는 기능에 충실한' MP3 플레이어의 본질에 가장 가까운 제품이었다.

킬러 아이디어의 출발은 프레임을 바꾸어서 보는 것에서 시작한다. 프레임을 바꾸어보면 똑같은 대상을 두고도 전혀 다른 관점이 나올 수 있다.

펩시와 코카콜라 간의 경쟁은 유명하다. 펩시가 코카콜라의 위세

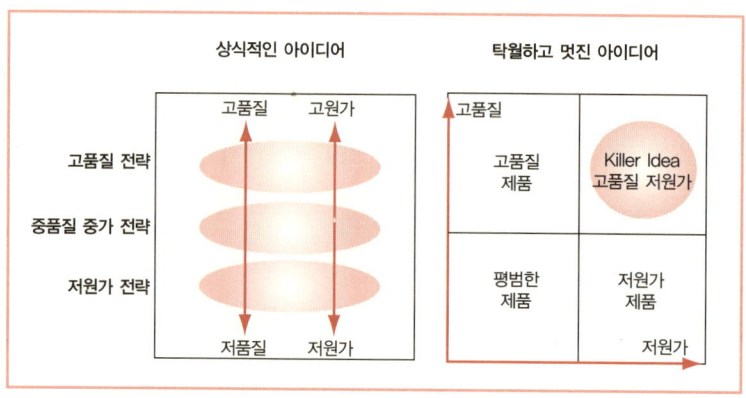

킬러 아이디어 매트릭스

앞에서 아직 기지개를 제대로 펴지 못할 때였다. 펩시는 코카콜라의 인기가 '섹시한 병'의 디자인에 있다고 프레임을 규정했고 '병의 디자인'이란 프레임에서 코카콜라를 능가할 만한 디자인 개발에 엄청난 금액을 쏟아 부었다. 하지만 시장에서의 위치는 여전히 코카콜라가 1위를 차지하고 있었다.

펩시는 프레임을 잘못 설정했다는 것을 뒤늦게 깨닫고 대규모 소비자 조사를 실시했다. 그들이 얻은 것은 '병의 디자인'이 아니라 '남기지 않고 다 마셔버린다'는 소비자들의 특성이었다. 이 특성을 프레임으로 삼은 펩시는 병을 코카콜라보다 좀더 크게 만들어 소비자들의 더 먹고 싶어서 아쉬워하는 마음을 달랬고, 들고 다니기에 편한 패키지 상품을 잇달아 내놓았다. 이런 펩시의 새로운 시도는 큰 성공을 거두었고, 코카콜라의 아성을 무너뜨릴 수 있다는 자신감까지 얻을 수 있었다.

만약 펩시가 병의 디자인이라는 프레임만 고집했더라면 어떻게 됐을까. 지금 벌어지는 펩시와 코카콜라의 '콜라전쟁'은 싱겁게 끝났을 것이다.

이처럼 킬러 아이디어는 프레임을 바꾸어야 한다. 그러기 위해서는 고정관념을 과감히 버리고 문제의 본질을 꿰뚫어 볼 수 있는 안목을 가져야 한다. 이와타는 지금까지의 닌텐도가 누려온 영광 따윈 과거의 유물로 생각했다. 현재의 고객은 새로운 세대이기 때문이다.

닌텐도DS의 개발
: 같은 종에서 진화는 계속된다

닌텐도DS가 나오기 전까지 이와타는 기존의 게임기 시장이 가지고 있던 문제점을 집요하게 파헤쳤다. 그는 가장 먼저 기술 완벽주의에 매몰된 개발자들을 설득하는 데 주안점을 두었다. 그래야지 게임기를 쓰지 않는 어린이와 어른들을 유인할 수 있는 제품을 개발할 수 있기 때문이었다. 그가 끈질기고 필사적으로 커뮤니케이션을 시도한 끝에 얻어낸 아이디어는 다음과 같다.

- 사용하기 어려운 조작버튼은 과감히 줄이거나 없애고 터치스크린을 장착하자.
- 2개의 화면을 만들어 한 화면에는 사용방법을 보여주자.
- 키보드가 아니라 터치펜으로 작동할 수 있도록 하자.
- 음성 입출력을 통해 재미를 느끼게 하자.

드디어 새로운 게임기의 콘셉트가 마련되었다. 소니와 마이크로소프트의 게임기에 밀려나 길고 긴 암흑의 터널을 걸어야만 했던 닌텐도의 구원투수인 이와타는 곧바로 제품개발에 들어간다. 하드웨어 개발자들은 휴대성과 편리한 조작이 가능한 게임기 개발에, 소프트웨어 개발자들은 어른 아이 할 것 없이 모두가 즐길 수 있는 쉽고 재미있는 소프트웨어 개발에 전력을 다했다.

특히 어른들을 대상으로 한 게임 개발은 중요했다. 어른인 당사자가 직접 게임을 할 때도 재미를 느껴야겠지만 아이들에게 게임기를 사주는 것도 결국 어른임을 감안한다면 폭력성이 짙은 게임은 가급적 피해야 했다. 그래서 나온 게임이 두뇌훈련게임과 영어교육 같은 학습 게임이다. 특히 게임기로 영어교육을 하려면 가장 기본적인 4가지 원칙, 즉 '읽고, 듣고, 쓰고 말하기'의 학습 요소를 구현할 수 있는 기능이 탑재되어 있어야 했다. 이는 단순히 영어단어 테스트 게임 정도를 할 수 있는 기존의 휴대폰 게임과는 질적으로 다른 것이었다.

여태까지 존재하지 않았던 콘셉트의 게임기를 만들기 위하여 하드웨어와 소프트웨어의 조화, 그리고 개발자 간의 긴밀한 협력은 필수였다. 만들고 부수기를 반복하는 도자기의 장인匠人처럼 닌텐도의 개발자들은 수없이 시제품을 만들고 테스트했다. 그리고 화려한 외양에 집착하기보다는 게임기를 사용하는 사람들이 편리하고 손쉽게 기능을 이용할 수 있는 사용자인터페이스User Inrterface, UI에 더욱 신경을 썼다.

이렇게 해서 2004년에 세상으로 나온 게임기가 바로 '닌텐도DS'이다. DS, 즉 Dual Screen을 장착한 이 휴대용 게임기는 몇 개 되지 않는 조작 버튼과 터치펜으로 스크린을 찍어 게임을 할 수 있는 신개념의 게임기였다. 하지만 터치스크린, 펜, 듀얼 스크린 등은 전혀 새로운 콘셉트에 맞추어 조합한 것이다. 일명 맥가이버 칼이라고 부르는 스위스의 빅토리녹스가 만든 나이프는 칼뿐만 아니라 드라이버, 가위, 송곳, 심지어 손톱깎이까지 달려 있다. 하나하나를 살펴보면 어느 것 하나 새로운 것은 없다. 그러나 이것들이 모여 전혀 새로운 나이프를 창조한 것이다.

닌텐도DS는 기능의 조합으로 새로운 것을 만들어낸 것이 전부가 아니다. 처음부터 게임기라는 콘셉트보다 '두뇌훈련기기' 라는 콘셉트로, 게임을 하지 않는 사람들의 시선을 끌었다. 광고도 처음부터 영어단어, 숫자, 도형 등을 훈련하는 것으로 시작했다. 물론 닌텐도DS

닌텐도DS와 소니 PSP의 기능 비교

	닌텐도DS	소니 플레이스테이션
게임성	- 어린이에서 노인까지 포괄적인 연령층을 공략 - 게임마니아 용 소프트웨어 부족 - 비슷한 종류의 소프트웨어가 다수	- 게임마니아 용 소프트웨어가 다수 - 게임 소프트웨어 라인업이 닌텐도에 비해 부족함
그래픽	- 등장 시기를 기준으로 낮은 수준의 그래픽 표현	- 현재 휴대용 게임기 중 최고의 그래픽과 3D 구현 능력 보유
사용자 접근성	- 버튼, 조작 기능의 단순성 - 단순함과 편리성 - 터치스크린, 마이크로 새로운 시도	- 버튼, 조작 기능의 복잡성
확장성	- 없음(닌텐도DSi는 카메라, 음악 등 기능 확장)	- GPS를 이용한 내비게이션 기능, TV아웃 기능, DMB 시청, 디지털카메라 기능 등 다양한 확장 기능
게임 로딩 방식	- 카트리지 방식을 통한 로딩의 해소와 빠른 저장	- UMB 채용으로 대용량 게임 환경 제공
가격	- 저렴한 가격(2009년 2월 기준 14만 원 내외) - 게임팩 가격은 PSP보다 비쌈	- 비싼 가격(2009년 2월 기준 25만 원 내외) - 다양한 확장성에 따라 주변기기 구매 비용 발생 - 내장 메모리 부재로 추가 메모리 구매 비용 부담
배터리 로딩 시간	- 긴 배터리 지속시간 (15~19시간)	- 짧은 배터리 지속시간 (4~7시간)

는 그 본질이 게임기이니만큼 슈퍼마리오나 포켓몬스터, 야구 게임 등을 즐길 수 있는 것은 기본이었다. 이 다목적 게임기는 가격까지 저렴해서 사람들의 반응은 폭발적이었다.

이제 닌텐도의 킬러 콘텐츠는 흥미 위주의 게임에 학습 훈련 게임까지 추가되었다. 부모들이 자식들에게 공부하라고 사줄 수 있는 게임기가 된 것이다. 수천만 개가 팔려나간 닌텐도DS는 소프트웨어도 각각 1,000만 개가 넘는 판매 기록을 세우는 등 대성공을 거두었다.

이러한 닌텐도DS의 눈부신 성공은 무너져가던 제국의 재건을 알리는 신호탄이 되기에 충분했다. 그러나 이 성공에 안주하는 것으로는 부족하다. 한번 궤도에 올라섰으면 진화의 속도를 계속 유지해야 했다. 이와타는 닌텐도DS의 성공으로 한껏 고무된 조직에 샴페인보다 새로운 도전을 주문한다.

닌텐도위의 개발
● 진화는 진화한다

닌텐도DS의 개발과정을 다시 복기해보면 가정용 게임기의 해답도 찾을 수 있었다. TV에 연결하여 즐길 수 있는 게임기는 많았다. 그리고 '플레이스테이션' 과 '엑스박스 XBox' 는 현재 존재하는 가정용 게임기 시장을 장악하고 있다

이와타는 TV를 물끄러미 보다가 혼자 즐기는 게임기, 가족들과 함께하기 힘든 게임 소프트웨어, 같은 세대의 친구들끼리만 즐기는 게임의 틀을 깨야겠다는 생각을 한다. 닌텐도DS가 그랬던 것처럼 새로운 가정용 게임기 역시 기존의 것과 기술력의 차이에 그치는 것이

아니라 새로운 가치를 제공할 수 있는 것이어야 했다.

닌텐도가 추구하는 게임은 이제 마니아가 아니라 가족 모두 즐길 수 있는 것이어야 했다. 이런 콘셉트에 딱 맞는 것이 바로 스포츠였다. 물론 기존에도 스포츠 게임은 있었다. 그러나 기존의 스포츠 게임은 더 높은 사양과 차원 높은 그래픽, 복잡한 조작으로 흘러가고 있었다.

이와타는 닌텐도DS처럼 쉽고 재미있는, 그리고 온 가족이 함께 즐길 수 있는 TV용 스포츠 게임을 만들기 위해 25명의 별동대를 꾸려 개발에 들어갔다. 이 별동대에는 하드웨어, 소프트웨어 개발자 말고도 기획자, 마케팅 전문가까지 포함되어 있었다. 이제 사람들이 모였으니 이와타의 '경청' 리더십이 발휘될 때였다. 모두가 TV를 이용해 즐길 수 있는 스포츠 게임의 윤곽을 그려내기 위해 활발하게 토론하였다. 그 결과 다음과 같은 결론이 나왔다.

- TV를 이용해서 스포츠 게임을 하더라도 실제 운동할 수 있는 매개체가 있어야 한다.
- 사용자의 운동을 감지하는 무선 기술이 있어야 한다.
- 감지한 운동성을 TV에서 구현할 수 있는 소프트웨어가 있어야 한다.
- 사용자가 운동을 하면서 기능을 제어할 만한 컨트롤러가 있어야 한다.

별동대는 결국 '운동을 하면서 즐길 수 있는 게임'이란 최종 콘셉트에 부응하는 무선 컨트롤러가 핵심이라고 봤다. 생각만큼 쉽게 실현될 수 있는 작업이 아니었다. 하드웨어와 소프트웨어 개발자들은 1년 동안 100여 가지의 컨트롤러를 만들어 테스트를 하며 끈질기게 작품을 만들어냈다. 실제 플레이어의 세밀한 동작 하나하나가 제대로 반영되어야 게임의 재미가 클 것이란 생각에 외과의사의 섬세한 손처럼 컨트롤러를 만들기 위해 노력했다. 여기에 덧붙여 '간편한 조작'은 성공의 핵심 열쇠였다.

이 과정에서 관료주의는 철저히 배제되었다. 어떤 아이디어가 생각나면 보고와 예산 신청 같은 절차는 가급적 생략되었다. 아이디어가 떠오르면 곧바로 시제품을 만들어 테스트를 했다. 더욱 주목할 것은 누적된 실패의 결과를 쓰레기통에 버리기보다는 자랑스러운 영광의 상처이자 더 나은 제품 개발을 위한 중요한 데이터로 삼았다는 것이다.

2006년이 되자 드디어 새로운 가정용 게임기 닌텐도위가 출시되었다. 닌텐도위는 닌텐도DS처럼 가정용 게임기의 새로운 지평을 열었다. 거실을 작은 스포츠센터로 바꾸어버리고 어른이나 아이 할 것 없이 모두가 함께 모여 화목을 다질 수 있는 매개체가 되었다. 게임기가 아이들의 정서에 악영향을 끼친다는 비판은 신뢰를 잃어가기 시작했다.

닌텐도위를 시연하는 이와타 사장(좌)과 게임 개발자인 미야모토 시게루(우)

야구나 권투, 볼링, 테니스와 같은 스포츠에서 요가, 피트니스 같은 밸런스 운동까지 닌텐도위는 가정의 '헬스 케어'까지 담당해주었다. 까다롭지 않은 조작, 간단한 규칙만 안다면 쉽게 즐길 수 있는 게임기, 폭력성이 배제된 아기자기한 캐릭터들은 게임의 본질적인 재미도 충족시켜 주었다. 게다가 실제 스포츠 게임처럼 점수를 통한 승부 가리기까지 가능했다. 닌텐도위는 말 그대로 '온 가족이 즐길 수 있는 가정용 게임기'의 모습을 완벽하게 구현했다.

소니와 마이크로소프트는 더욱 완벽한 그래픽과 사실성, 기술 완벽주의에 빠진 채 그들이 무너뜨렸던 제국이 다시 일어서는 모습을

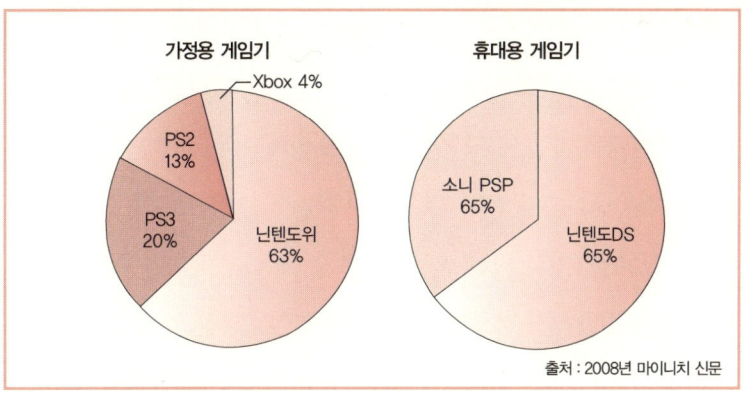

일본 내 게임기 시장점유율

그저 지켜볼 수밖에 없었다. 반면 닌텐도는 휴대용 게임기, 가정용 게임기 모두 1위의 자리를 탈환한 후 거침없는 질주를 하고 있다.

닌텐도의 동종同種 진화는 여기서 멈추지 않는다. 닌텐도DS의 성공에 이어 닌텐도위의 대박 행진, 그리고 다시 닌텐도위를 이용한 '위 피트wii Fit'를 개발하며 스스로 진화를 거듭하고 있다. 현대 사회에서 특히 여성들은 스포츠보다 미용과 밸런스, 다이어트에 큰 관심을 가지고 있다. 남녀노소 모두가 즐기는 게임 개발이 목표인 닌텐도가 이런 고객의 니즈를 모를 리 없었다.

위 피트는 닌텐도위의 본체에 연결하는 화이트 계열의 발판이다. 납작한 체중계와 비슷한 모양인 이것은 닌텐도위를 가진 사람이라면 위 피트만 사서 연결하면 바로 사용할 수 있다. 또한 기존에 닌텐도위를 구매하지 않았던 사람이라도 위 피트에 관심이 있다면 당연히 닌텐도위의 구매로 이어질 것이다. 이처럼 생산 라인의 확대는 곧 고객의 구매 라인 확대로 이어진다. 닌텐도의 동종 진화는 이렇게 무궁무진한 상상력을 가진 이와타와 별동대에 의해 이루어졌다.

'진화는 진화한다' 는 것은 구글의 사례를 보더라도 알 수 있다. 구글은 그들이 가지고 있는 상상력으로 쉴 새 없이 진화를 거듭하였다. 2000년대 초반까지 검색엔진의 최강자였던 야후는 미디어로 전환하면서 그 위력을 잃어갔지만 구글은 동종 진화를 계속해나가고 있었다. 그들은 진화를 위해 포기할 것은 과감히 포기했다. 그 흔한 배너 광고조차 없애버리고, 오로지 메인 화면에 검색창과 대표 메뉴만 덩그러니 놔두었다. 그리고 대부분의 포털 사이트가 야후처럼 미디어로의 전환이나 엔터테인먼트 기능으로 확장하고 있을 때도 여전히 '검색' 이란 본질에 충실하며 상상력을 발휘하였다. 그래서 이룬 진화의 결과가 구글어스로 대표되는 검색서비스로 끊임없이 같은 종에서 진화를 한 것이다. 닌텐도 역시 같은 종에서 끊임없이 순방향의 진화가 계속되고 있다.

세계인을 즐겁게 한 게임기

닌텐도DS

2004년 닌텐도가 개발한 휴대용 게임기이다. 2개의 화면과 터치 패널, 마이크에 의한 음성 입력 등 독특한 사용자 환경을 구현하였다. 닌텐도DS는 Dual Screen을 채택하여 접는 형태의 본체에 2개의 액정 화면을 가지고 있다. 쉽게 조작하고, 두뇌훈련이나 영어훈련 등 학습 게임을 출시하면서 그동안 게임을 하지 않던 성인, 여성, 어린이 고객에게 크게 어필했다. 2009년 세계적으로 1억 개가 넘는 판매량을 기록했다.

소니 PSP

현존하는 휴대용 게임기 중 최고의 그래픽과 3D 구현 능력을 가지고 있다. 게임마니아 지향형으로 발매되어 다수의 게임 타이틀을 확보하고 있지만 인기 게임 소프트웨어 라인업이 닌텐도에 비해 부족하다. GPS를 이용한 내비게이션 기능과 TV 아웃 기능, DMB 시청, 디지털카메라 기능 등 다양한 확장 기능이 있다.

위

2006년 닌텐도가 개발한 차세대 게임기이다. 위는 영어 단어 We를 이미지화해서 가족 누구나 편안하게 즐길 수 있다는 콘셉트를 뜻한다. 무선 컨트롤러, 쉬운 사용 방식, 게임 소프트웨어의 다운로드 판매, 게임 이외의 일상생활에 도움이 되는 콘텐츠 탑재, 인터넷을 활용한 풍부한 기능 등이 주요 특징이다. 무선 컨트롤러와 동작감지 센서 등은 비디오 게임의 혁명을 불러일으켰고, 현재 가정용 비디오 게임기 시장에서 1위의 자리를 차지하고 있다.

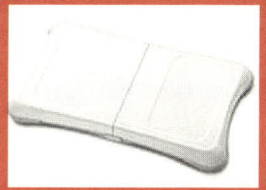

위 피트

2007년 닌텐도가 개발한 위용 게임 소프트웨어이다. 건강을 관리하는 게임 소프트웨어로 요가, 근력 트레이닝, 유산소 운동, 밸런스 게임 등 4가지 장르와 총 48개 종류의 트레이닝이 탑재되어 있다. 처음은 일부 트레이닝밖에 할 수 없지만 플레이를 하면 할수록 운동 저금이 저축된다. 저축된 운동 저금이 늘어나면 운동의 가짓수도 함께 늘어난다.

2장

자기 진화를 통해
경쟁력을 확보하다

식물에 비료를 주면 더 빨리 자라고

더 큰 잎이 달리며 더 많은 가지를 갖게 된다.

영양분이 공급되어 유전자들이 증식하고

여분의 양분을 처리하도록 도와주는 것이다.

이렇게 복제된 유전자들의 일부가

난세포로 전해져서 다음 세대로

계속해서 진화한다.

같은 성질의 속(屬)의 종(種)은 유사한 방식으로 변

이를 계속한다.

NinTenDo

닌텐도의 탄생
: 놀이를 비즈니스로, 아이디어는 가까운 곳에 있다

우리나라 국민의 92퍼센트 이상이 즐기는 놀이가 있다. 바로 48장의 카드를 가지고 삼삼오오 모여 즐기는 '화투花鬪'다. 특히 설날이나 명절이 되면 오랜만에 모인 일가친척들이 제사나 성묘를 끝내고 거실에서 이른바 '판을 벌여' 화투놀이를 즐긴다. 이쯤 되면 화투는 일개 게임이라기보다 '국민게임'이라고 불러도 손색이 없을 것 같다.

대한민국의 대표적인 놀이로 확고하게 자리 잡은 화투는 온라인 게임으로까지 영역을 넓혀 언제 어디서나 즐길 수 있는 놀이로 발전했다. 그 결과 아무리 컴맹에 가까운 어르신이라도 인터넷 고스톱이나 맞고 정도는 칠 줄 아는 세상이 되었다.

한번 놀이에 빠져들면 쉽게 헤어나지 못하는 화투의 매력은 매우 창의적인 카드놀이라는 데 있다. 또한 100년이 넘은 이 게임이 꾸준히 사랑받는 이유는 하나의 규칙만 가지고 게임을 하는 것이 아니라, 세월에 따라 그 규칙이나 게임 방식이 진화되었기 때문이기도 하다. 즉 화투는 지역에 따라, 시대에 따라 사람들의 '코드'에 맞춰 끊임없이 진화되어서 쉽게 사라지지 않았고, 21세기 디지털 시대에도 여전히 놀이의 최강자로 군림할 수 있었다.

그렇다면 이처럼 온 국민의 놀이로까지 자리 잡은 '화투'를 만든 사람은 누구일까? 화투는 120년 전에 일본의 야마우치 후사지로라는 사람이 만들었다. 그런데 재미있는 사실은 그가 바로 현재 게임기의 대명사라 불리는 닌텐도를 처음 설립한 사람이라는 것이다. 즉, 화투를 만든 회사가 바로 지금의 닌텐도라는 말이다.

이처럼 화투로 시작한 닌텐도였지만 지금은 더 이상 화투의 그림자를 발견할 수 없을 뿐만 아니라 닌텐도위나 닌텐도DS로 더 알려져 어른들의 놀이문화에서 아이들의 놀이판까지 그 영역을 확장했다. 명실 공히 게임의 최강자로 군림하고 있다.

전 세계적으로도 120여 년의 역사를 이어온 기업을 찾기란 쉽지 않다. 더군다나 하루가 다르게 명멸하는 기업의 역사에서 오랫동안 정상의 자리를 지킨다는 것은 더욱 어려운 일이다. 우리나라만 보더라도 10년 전에 '대마불사大馬不死'를 외치던 몇몇 대기업들이 쓸쓸히 역사의 뒤안길로 사라지지 않았는가. 그들의 생존력과 경쟁력의 중심에는 바로 '진화'라는 키워드가 있다. 즉 화투를 만든 기업에서 최신 디지털 게임기를 만드는 회사로의 끊임없는 진화가 그들의 성공전략인 것이다.

닌텐도는 끊임없이 진화를 모색하면서도 게임, 즉 '놀이'에 집중하는 것을 잊지 않았다. 48장의 화투에 갖가지 그림을 그릴 때부터, 가장 최신의 기술이 녹아 있는 디지털 게임기를 만들 때까지 기술과 환경의 변화는 실로 엄청났다. 한 치 앞도 보이지 않는 경쟁은 또 어땠을까. 신기술의 발달과 혁신 못지않게 복제의 기술 또한 막을 길이 없었다. 그런데도 닌텐도는 여전히 살아남았다. 그것도 아등바등하며 겨우 목숨만 부지한 것이 아니라 '놀이' 시장의 선도자로서 길을 제시하며 말이다. 그들은 뭔가 새로운 것을 발견하면 그곳에 안주하는 것이 아니라 또다시 미개척지를 찾아 떠났다. 이는 코닥이 디지털 카메라의 기술을 처음으로 발견했으면서도 발 빠르게 움직이지 않고 아날로그 카메라와 필름 시장의 지배적 위치에서 안주하다가 스러져 갔던 것과는 사뭇 다르다.

이처럼 닌텐도가 '놀이'에 집중한 것은, 놀이가 인류의 역사와 함께해온 것임을 간과하지 않은 데 있다. 일과 공부만 하면서 살 수 있는 사람은 없다. 재충전의 시간이 되었든, 놀이 그 자체에 몰입하든

간에 놀이는 항상 사람들의 생활 깊숙이 들어와 떼려야 뗄 수 없는 생활방식으로 자리 잡았다.

그러고 보면 비록 닌텐도가 수천 년 전부터 존재한 것은 아니지만 그들이 펼치고 있는 '놀이' 라는 비즈니스는 항상 우리 곁에 있었던 셈이다. 더군다나 아무도 그것이 이윤을 가져다줄 것이라 생각하지 않았을 때 그들은 '놀이' 에서 사업의 가능성을 보았다. 선견지명은 따로 있는 것이 아니다. 이처럼 조금만 주의를 기울이면 비즈니스의 기회를 발견할 수 있다. 닌텐도는 사소하고 단순한 것에서 시작했지만 시대 변화에 따라 첨단 기기 다루기를 주저하지 않았다. 하지만 아무리 첨단기기라도 고객들이 '단순하게, 재미있게' 즐기게 해야 한다는 것을 잊지 않았다. 그래서 그들은 늘 재미있고 새롭지만 절대 어렵지 않고 누구나 쉽게 할 수 있는 놀이를 사람들에게 제공해준다. 그러니 사람들이 "닌텐도! 닌텐도!"라고 외칠 수밖에.

새로운 게임이 출시될 때마다 길거리에서 밤을 지새우며 먼저 물건을 사려는 사람들이 장사진을 이루는 닌텐도의 생존 비결, 더 나아가 시장의 지배자가 될 수 있었던 성공 비결은 도대체 무엇일까? 이들이 어떤 과정을 통해 새로운 제품과 시장을 만들었는지, 어떻게 위기를 극복하고 창조적으로 진화했는지 좀더 자세히 엿보기로 하자.

놀이를 문화로 진화시킨 닌텐도
: 제품에 스토리를 담으라

교토는 고대 일본의 수도로서 신궁神宮을 비롯한 유서 깊은 고적지가 많은 전통의 도시다. 우리나라의 경주와 비슷하다. 2차 세계대전 때도 미군의 폭격을 받지 않은 덕분에 고스란히 전통의 모습을 유지한 이곳에 닌텐도가 있다. 21세기 현대 비즈니스의 총아와 전통의 공존인 셈이다. 닌텐도의 독특한 문화를 이토록 상징적으로 보여주는 것도 없을 것이다.

닌텐도가 교토에 있었기 때문에 그들만의 독특한 문화와 조직을 보존할 수 있었다는 분석도 있다. 교토는 현재의 수도인 도쿄에서 400킬로미터나 떨어져 있다. 온갖 첨단 디지털 산업의 기업들이 모인 도쿄에서 멀리 떨어져 있다는 것이 오히려 닌텐도에게는 고립이 아니라 유리한 조건으로 작용하였다.

언제부턴가 일본도 '평생직장'이라는 개념이 유명무실해지면서 좀더 나은 환경과 조건의 직장으로 옮기려는 심리가 팽배해졌다. 더군다나 게임이나 IT 산업의 경우에는 이직률이 더욱 높은 편이다. 그런데 교토의 닌텐도에 근무하던 사람이 수백 킬로미터나 떨어진 도쿄로 이직한다는 것은 쉽지 않은 일이었다. 그 반대의 경우도 마찬가지다. 이런 이유로 닌텐도만의 개발자 중심 문화와 독립적인 조직 문화를 보존할 수 있었다.

이처럼 현대와 전통의 공존을 상징하는 교토에서 닌텐도의 역사가 시작됐다. 메이지 시대였던 19세기 말, 야마우치 후사지로는 그림을 잘 그리는 데다가 손재주도 좋아서 자신이 그린 그림으로 오락용 놀이카드를 만들게 된다.

당시의 놀이카드로는 일본과 교류하던 유럽에서 들어온 트럼프가 있었고, 일본에서도 오래전부터 조개껍질에 그림을 그려 가지고 놀았던 것이 있었다. 하지만 야마우치는 서양의 트럼프나 고대 일본의 조개껍질 카드와는 다른 것을 만들어냈다. 그는 1년 열두 달을 상징하는 12단위로 카드를 구성했고, 각각 4장의 카드로 묶으면서 단위를 다르게 해놓았다. 그리고 이를 상징하는 그림을 그려놓았다.

좀더 구체적으로 살펴보면, 1월은 장수와 행복을 상징하는 소나무와 두루미, 2월은 꾀꼬리와 매화꽃, 3월은 벚꽃, 4월은 싸리풀, 5월은 청초한 난초꽃, 6월은 화려한 목단꽃, 7월은 홍싸리, 8월은 수확을 상징하는 둥근 달, 9월은 가을의 국화꽃, 10월은 붉은 단풍, 11월은 겨울의 문턱에 선 오동나무, 12월은 한 서예가의 이야기가 담겨 있다.

게임에 이야기가 담겨 있다니 조금은 의아스럽지만 분명한 사실이다. 심심풀이 동전 따먹기 게임 정도로만 생각했던 화투에는 실제로 일본의 초등학교 교과서에도 실려 있는 오노 도후라는 유명한 서예가의 이야기가 담겨 있다.

오노는 서예에 뜻을 두고 열심히 공부하지만 실력이 크게 향상되지 않자 실망하여 공부를 그만두기로 결심한다. 가뜩이나 우울한데 비마저 내리자 잠시 처마 밑에서 비가 그치기를 기다리던 그는 수양버들에 개구리 한 마리가 나뭇가지로 뛰어오르는 것을 보게 된다. 한 번, 두 번 계속 실패하지만 개구리는 기어이 나뭇가지 위로 올라가는 데 성공한다. 빗물에 휩쓸려가지 않으려고 필사적으로 뛰어오르는 개구리를 보면서 오노는 깨달음을 얻는다. '지금 공부를 포기하면 개구리만도 못하다.' 이 깨달음으로 그는 다시 공부를 시작해 마침내 일본 제일의 서예가가 되었다. 이 모든 이야기가 12월을 상징하는 4장의 카드에 담겨 있다.

이렇게 만들어진 48장의 카드에 게임의 법칙이 접목되어 각각의 점수를 부여하고 승패가 가려진다. 언제 어디서든 손쉽게 구할 수 있는, 흔해 빠진 화투가 이처럼 그림마다 각각 다른 가치와 이야기를 담고 있다니 놀랍지 않은가. 비가 오는 가운데 우산을 쓴 서예가가 그려진 화투는 20점짜리로 가치가 높지만 싸리만 그려진 것은 1점으로 가치가 낮다. 이처럼 야마우치는 화투에 단순히 그림만 그린 것이 아니라, 각 장마다 의미와 가치를 부여하고 게임의 규칙을 만들어내서 전혀 새로운 개념의 놀이도구를 창조했다.

처음엔 그저 단순한 호기심과 자신의 재주를 활용한다는 차원에서 만들어낸 화투였지만 야마우치는 얼마 지나지 않아 화투의 상품성을 자신하게 된다. 그리고 1889년에 회사를 창업하고 본격적인 화투 생산에 들어갔다. 화투가 혼자 즐기는 것에서 다 함께 즐기는 놀이로 진화하기 시작한 것이다.

야마우치는 회사 이름을 닌텐도任天堂, 즉 '하늘에 맡겨라'로 짓고 그 의미 그대로 '우리가 할 수 있는 최선을 다하되, 결과는 하늘의 뜻에 맡긴다'는 마음으로 화투를 생산했다. 그는 화투의 원료인 종이를 뽕나무나 삼지닥나무 껍질로 만드는 전통적인 방법을 썼다. 나무껍질을 갈아서 가루로 만들어 진흙과 함께 반죽해서 차지고 무겁게 만든 후, 얇게 펴서 말리고 문질러가면서 모양을 잡았다. 이렇게 만든 얇은 종이를 여러 장 겹치고 압축하여 두껍고 단단하게 만들어서 손에 쥐기에 적당한 크기로 재단했다. 48장의 화투 그림은 외곽선을 강조하기 위해서 꽃잎과 각종 씨앗에서 추출한 물감을 사용했다.

닌텐도의 첫 번째 창의적인 상품은 이렇게 한 사람의 아이디어와 개발, 수공업 생산 방식으로 탄생했다. 야마우치는 이 화투에 '대통령大統領'이란 이름을 붙여서 교토와 오사카의 직영매장에서 팔았는데 반응이 아주 좋았다. 그도 그럴 것이 당시 어른들은 술과 가무를 제외하고 일상적으로 즐길 수 있는 놀이가 없었던 터라 대통령표 화투는 당시 최고의 인기상품이 되었다.

화투와 카드, 전국 판매유통망을 확보하다
: 기회 포착, 발상의 전환으로 시장을 창출하라

'화투' 하면 〈타짜〉라는 영화가 먼저 떠오를 정도로 도박과 사행성 산업의 도구라는 이미지가 강하다. 하지만 초기 화투는 그저 가족용 오락거리였다. 바둑이나 장기처럼 일대일 놀이가 아니라 여러 명이 함께 할 수 있는 윷놀이 같은 것이었다. 이때만 하더라도 닌텐도의 사업은 규모가 작았고 수익성도 그리 높지 않았다.

화투가 본격적으로 회사에 이윤을 가져다준 시점은 바로 도박용으로 쓰이면서부터다. 지금은 놀이문화와 공간이 다양하지만 과거에는 이렇다 할 '즐길거리'가 없다 보니 실내에서 할 수 있는 화투가 각광받기 시작했다. 게다가 게임할 때마다 승패가 분명하고 매번 얻는 점수가 다르다 보니 쉽게 내기와 연결될 수 있었다. 이에 아이디어를 얻은 일본의 폭력조직인 야쿠자가 아예 도박장을 만들고 판돈이 걸린 화투판을 운영하기에 이른다. 예나 지금이나 도박은 폭력조직의 주요 수입원이었다.

어쨌건 야쿠자에 의해 전국적으로 도박판이 만들어지자 닌텐도는 바빠졌다. 기하급수적으로 늘어난 도박판으로 화투 생산량을 크게 늘렸을 뿐만 아니라 매번 제품의 교체 수요가 생겼기 때문에 도박판이 더 늘어나지 않아도 화투 생산량을 줄일 수 없었다. 전문 도박꾼들은 판을 새로 벌일 때마다 한 번 썼던 화투는 버리고 새로운 화투 묶음을 썼기 때문이다. 큰돈이 걸린 도박판에서는 누군가 화투에 속임수를 쓸 수도 있다는 의심을 자연스럽게 할 수 있기 때문에 매번 새로운 화투를 찾을 수밖에 없었다.

이처럼 뜻하지 않은 쪽에서 화투가 인기를 얻는 바람에 야마우치는 그야말로 '대박'의 기회를 잡게 되었다. 도박이 성행하면서 화투 수요가 갈수록 늘어나는 바람에 기존의 가내수공업 수준으로는 도저히 감당할 수 없게 되었다. 그래서 전문 도제를 육성하여 본격적인 대량생산체제로 진화했고, 이때부터 닌텐도의 화투는 일본 전역으로 팔려나갔다.

화투로 성공한 닌텐도는 일본에서 카드 공급업체로 이름이 알려지기 시작했고, 야마우치는 일본 화투의 성공을 발판으로 트럼프 카드에 눈을 돌리게 된다. 기존 제품들이 재질이 나빴던 반면에 야마우치는 화투 생산의 노하우를 십분 발휘하여 세련되고 빳빳한, 질 좋은 트럼프 카드를 만들어냈다. 이 또한 도박에 필요한 도구인지라 화투와 트럼프 카드는 날개 돋친 듯 팔려나갔다.

카드시장을 장악한 닌텐도는 전국적으로 유명해졌지만, 한 가지 큰 문제를 해결하지 못해 골치를 앓았다. 교토와 오사카의 직영 판매점만 운영하고 있어서 엄청난 수요를 감당하기 힘들었던 것이다. 지금은 전국적인 판매와 유통조직이 활성화되어 있지만 당시만 하더라도 지역 기반의 기업들이 대부분이었다. 그러나 다행히 야마우치는 일본담배소금공사의 판매망을 이용할 수 있었다. 담배나 소금은 대표적인 독점 산업이라 당시에도 전국적인 유통과 판매망을 갖추고 있었다. 특히 담배는 성인들을 대상으로 한 대표적인 소비재라는 면에서 화투와도 궁합이 잘 맞았다. 덕분에 야마우치의 화투와 트럼프 카드는 일본담배소금공사의 담배 판매점을 통해 날개를 달고 또 한 번의 성장가도에 올라섰다.

야마우치는 화투를 만들기만 했을 뿐, 그것을 가지고 도박이란 산업까지 창출한 것은 아니었다. 화투를 이용한 도박 산업은 야쿠자가 발견하고 적극적으로 뛰어들었다. 야마우치와 닌텐도는 늘어난 주문량만큼 화투를 만들기만 하면 됐다. 어찌 보면 운이 좋았다고 볼 수 있다. 그러나 야마우치가 금고에 차곡차곡 쌓여가는 돈을 보며 그저 희희낙락하고 있었다면 전국적인 기업으로 발돋움할 수 없었을 것이다. 그는 트럼프 카드까지 잘 팔리는 마당에 이를 교토와 오사카만이 아닌, 일본 전국에 팔겠다는 목표를 세우면서 닌텐도는 첫 번째 도약을 시도한다.

큰 목표를 가진 사람은 작은 성공에도 감사할 줄 안다. 하지만 이때의 '감사'는 그것으로 만족하고 안주한다는 의미가 아니다. 현실에만 안주한다면 한 발짝 더 나아갈 수 있는 기회를 포착하기 어렵다.

기회는 늘 새로운 목표를 만들어준다. 그 새로운 목표를 달성해가는 과정에서 진화가 이루어진다. 닌텐도가 교토와 오사카의 판매 기반에만 의지하여 당장 들어오는 수익에만 만족하고 있었다면 120여 년의 역사는 존재할 수 없었을 것이다.

눈에 보이는, 혹은 손에 쥐어진 기회는 놓치지 말고 움켜쥐어야 한다. 교토에서 화투가 많이 팔리니 당연히 전국적으로 팔면 더 많은 돈을 벌어들일 수 있다는 생각은 누구나 할 수 있다. 그러나 그런 생각을 기회로 판단하여 적극적으로 전국판매망 조직과 연결하기란 누구나 할 수 있는 일이 아니다. 야마우치의 기회 포착에 주목해야 한다.

전자레인지의 수요가 갑자기 늘어나자 너도나도 당연하다는 듯 전자레인지 생산에 뛰어들었다. 아무리 잘 되는 시장이라도 많은 업체들이 몰리면 그만큼 경쟁이 치열해질 수밖에 없다. 이때 짐 왓킨스라는 인물은 전자레인지 그 자체보다는 전자레인지로 만들 수 있는 음식에서 기회를 찾았다. 그 결과 전자레인지용 팝콘을 개발해서 시장에 뛰어들었고, 오늘날 1,000억 원에 가까운 매출을 올리는 기업을 일궈냈다.

야마우치가 화투의 성공으로 트럼프에 눈을 돌리고, 도박장 성행에 따른 판매 확대를 전국판매망으로 연결하여 성공한 것도 '기회 포착, 과감한 실행'이라는 공식에 충실한 덕분이었다.

2대 회장 세키료, 닌텐도를 재정비하다
: 빠른 판단과 신속한 의사결정이 중요하다

화투와 트럼프 카드의 성공적인 판매로 닌텐도가 안정 궤도에 올라서자 새로운 고민거리가 생겨났다. 닌텐도 창업자인 야마우치 후사지로에게는 딸만 있었는데, 당시는 재산의 상속이나 경영권의 승계가 아들에게만 이루어졌기 때문이다. 기껏 창업에 성공했더니 수성의 문제가 발생했다.

야마우치는 회사를 물려줄 대상이 없자 결국 딸 야마우치 테이를 결혼시켜 데릴사위를 들이기로 하고 그에 걸맞은 인물을 찾기 시작했다. 이리저리 수소문 끝에 가네다 세키료라는 과묵하고 학구적인 대학생을 데릴사위로 맞이한다. 가네다는 데릴사위의 관습에 따라 자신의 성을 야마우치로 바꾸고 야마우치가의 상속자가 되었다.

1929년, 야마우치 세키료가 닌텐도의 2대 회장으로 취임했다. 1대 회장인 야마우치가 닌텐도를 전국적인 오락도구 회사로 일궜지만, 아직까지 상점 수준에 가까운 닌텐도를 기업 형태로 바꾸기 위해 야마우치 세키료는 1933년에 철근 콘크리트로 새로운 사옥을 짓는다. 뿐만 아니라 꾸준히 제품의 업그레이드를 시도하여, 트럼프 카드의 뒷면 디자인을 다양화하고 여러 가지 색깔을 입히기도 했다.

또한 일본담배소금공사에 위탁한 판매 체제로는 다양한 제품을 적극적으로 판매하는 데 한계가 있다는 판단 아래 1947년에 닌텐도만의 전문 유통회사를 설립한다. 그는 직영 판매를 확대하면서 일본 전역의 크고 작은 상점들을 일일이 방문하여 판매상과 유대관계를 돈독하게 다졌다. 새로운 거래처도 뚫는 등 끊임없이 판매망을 늘리는 데 열정을 쏟았다.

판매망이 정비되자 생산 설비에 대한 조정도 이루어졌다. 재료로 매입한 종이를 카드용으로 맞게 재가공하는 새로운 공법을 개발하고, 작업공정 속도도 단축시킬 수 있도록 개선했다. 화투를 대량으로 생산하려면 종이를 여러 겹 붙이는 방식으로는 한계가 있었던 것이다. 이처럼 기존의 방식에서 벗어나 대량생산이 가능하도록 한 것은 말 그대로 혁신이었다. 그는 화투의 두께를 유지하고 표면에 그림이 보이게 하기 위해서 앞면과 뒷면 사이에 석회가루를 집어넣었다. 이 방법은 의도하지 않은 부수 효과까지 제공했는데, 바로 화투를 칠 때마다 '짝! 짝!' 하는 경쾌한 소리를 내게 하여 치는 재미를 더해준 것이다. 어디 이뿐인가. 여러 번 치다 보면 석회가 터져버려 오래 쓸 수 없으니 사람들은 다시 화투를 구입해야 했다. 비싼 제품이 아니었기 때문에 제품에 대한 불만을 갖기보다는 새로 사는 것을 당연하게 받아들였다.

도박 산업이 움츠러들기는커녕 날로 성장함에 따라 화투와 트럼프의 판매도 기세가 꺾일 줄 몰랐다. 말 그대로 '생산이 곧 판매'이기 때문에 무조건 많이 만들기만 하면 되는 시절이었다. 닌텐도는 생산성을 높이기 위해 총력을 기울였고 작업능률의 향상을 이유로 작업자들을 몰아붙였다. 이 즈음 우리나라에도 화투가 보급되기 시작했다. 1940년 이후에 일본은 한국과 중국에 대륙정책의 일환으로 화투를 수출했고, 일본에 강제 징용되거나 군속으로 일했던 사람들이 해방 이후 귀국하면서 본격적으로 들여왔다.

우리나라에도 마땅한 놀이문화가 없었고, 특히 농촌에서는 농한기에 할 일이 없다 보니 자연스레 집 안에서 화투놀이를 즐기기 시작했다. 초기에는 둘이서 할 수 있는 '육백'과 셋이나 넷이서 하는 '민화투'를 즐겼다. 지금 사람들이 즐겨하는 '고스톱'은 1960년대에 일본의 '고이고이'라는 놀이가 들어와 변형된 것으로 1980년대에 '전두환 고스톱'이니 '노태우 고스톱'이니 하면서 시대를 풍자하는 재미까지 더해져 급속도로 퍼져나갔다. 화투는 이렇게 한국과 일본 놀이문화의 대표주자가 되면서 우리 삶 깊숙이 자리 잡았다.

창업자인 야마우치 후사지로가 화투의 개발과 수공업적인 생산으로 비즈니스를 시작했다면, 2대 회장인 야마우치 세키료는 기계에 의한 대량생산체제와 자체 판매망을 갖추면서 기업의 기틀을 마련했다. 그러나 닌텐도의 승승장구에도 불구하고 야마우치 세키료는 1대 회장과 똑같은 고민을 안고 있었다. 바로 경영권 승계 문제였다. 선대 회장도 아들이 없어서 야마우치 세키료를 데릴사위로 들였는데,

그 역시 승계해줄 아들이 없었다. 어쩔 수 없이 그 또한 데릴사위를 들여야 했다. 장녀인 야마우치 키미를 교토에서 존경받는 장인 가문의 이나바 사카노조와 결혼을 시켰다. 데릴사위로 들어온 사카노조는 장인의 전철을 그대로 밟아 야마우치로 성을 바꾸고 닌텐도의 상속자가 됐다.

1927년 데릴사위로 들어온 사카노조와 그의 아내 키미 사이에서 아들이 태어났다. 야마우치 가문 3대째에 드디어 아들이 태어난 것이다. 이 아들이 바로 야마우치 히로시다. 그런데 닌텐도의 3대 회장으로 예정된 야마우치 사카노조가 아들이 다섯 살이 되자 돌연 가출을 해버린다. 키미는 이 일을 몹시 창피하게 여겨 이혼 절차를 밟고 아들인 히로시를 친정부모에게 맡긴 채 여동생의 집으로 가버린다. 졸지에 닌텐도는 상속자가 없어져버렸고, 결국 어린 손자인 야마우치 히로시가 상속자로 결정된다.

당시만 하더라도 '전문 경영인'이라는 개념이 없었을 때여서 핏줄이 기업의 경영권을 승계하는 게 당연했다. 지금은 이런 혈연 위주의 경영 승계가 비난의 대상이 되겠지만 당시 일본이나 우리나라는 기업을 이어갈 핏줄이 없다는 건 곧 기업의 존립 기반 자체를 위협하는 것과 마찬가지였다.

닌텐도는 외부의 환경 변화에 대처하는 것 못지않게 내부의 위기도 기민하게 대처했다. 가출한 상속자 사위, 상처 입은 딸, 부모와 떨어져 살아야 했던 어린 손자로 대변되는 닌텐도의 위기는 야마우치 세키료의 결단으로 수습된다. 일찌감치 외손자를 상속자로 생각하고 철저하게 후계자로 훈련시키기로 한 것이다. 다른 대안도 없었겠지만, 한 기업의 리더에게 혼란은 가급적 빨리 수습해야 할 과제였다. 리더가 우왕좌왕하면 아무리 튼튼한 난공불락의 성이라도 쉽게 무너질 수밖에 없다. 혼란과 위기 상황에서 리더는 자신의 고독한 고충을 토로할 수 없다. 아주 작은 가능성이라도 보이기만 한다면 가장 선두에 서서 돌파구를 마련해야 한다.

야마우치 히로시, 닌텐도 3대 회장으로 취임하다
- 지속적인 변화, 과거의 영광은 단지 유물일 뿐이다

새로운 상속자로 지목된 야마우치 히로시는 더 이상 후계자 논란이 없어야 한다는 외할아버지의 의지에 따라 어릴 때부터 철저한 훈련을 받았다. 교육과 예의범절뿐만 아니라 태도와 외모까지 후계자로서의 면모를 갖출 수 있도록 교육받았다. 그러나 이 어린 상속자는 외할아버지의 바람대로 고분고분하게 가르침을 받기보다는 반항과 고집으로 일관했다.

야마우치 히로시는 1940년 2차 세계대전 당시 열세 살에 불과했기에 다행히 전쟁의 소용돌이에서 벗어날 수 있었고 교토에서 비교적 안전하게 지낼 수 있었다. 만약 미군이 교토를 폭격했다면 그를 포함한 야마우치 가문과 닌텐도의 운명은 어떻게 바뀌었을지 아무도 모를 일이다. 전쟁의 참화를 피할 수 있었던 야마우치 히로시는 전쟁이 끝나자 와세다 대학의 법학과에 입학했다. 이때 히로시의 외할아버지인 야마우치 세키료가 갑자기 뇌졸중으로 쓰러지게 된다. 세키료는 급히 히로시를 불렀다.

침대에 누운 세키료는 손자에게 닌텐도를 물려받으라고 말한다. 가출한 아버지가 이미 세상을 떠난 지 오래였으니 그가 가업을 물려받는 것은 피할 수 없는 일이었다. 그러나 그는 순순히 경영권을 승계하지 않는다. 자신이 다니던 대학마저 그만두고 회사를 물려받아야 한다는 말에 그는 과감한 조건을 내세운다.

히로시는 "자신이 닌텐도에서 일하는 야마우치 가문의 유일한 사람이 되어야 한다"고 말한다. 닌텐도에서 일하는 야마우치 일가의 모든 친척들을 해고하라는 요구인 셈이었다. 어린 나이에 유일한 상속자의 자격으로 회사를 이어받아야 할 그로서는 경영권을 행사하는 데 일말의 의문이 나오지 않기를 원했던 것이다. 마치 어린 황태자가 왕권을 물려받을 때 걸림돌이 될 만한 요소를 제거하는 피의 숙청과도 같았다. 그의 요구는 제국 통치에 꼭 필요한 권력을 독점하는 데 필수불가결했던 요소일지도 모른다.

죽음을 눈앞에 둔 외할아버지는 어릴 때부터 지켜본 외손자가 닌텐도의 후계자로서 손색이 없다는 생각에 모든 요구를 들어준다. 1949년에 모든 일가친척을 해고하는 경영권 승계의 기반을 갖춘 뒤 야마우치 히로시는 닌텐도의 3대 회장으로 취임한다.

처음부터 피바람을 불러일으키며 입성한 탓인지 닌텐도의 직원들은 젊은 회장을 그다지 반기지 않았다. 게다가 부잣집 상속자가 무슨 세상물정을 알겠냐며 노골적으로 젊은 회장의 무모함을 성토하기 시작했다. 이런 직원들의 불만과 불신은 야마우치 회장이 장기근속 직원들을 정리해고하려는 계획을 세우고 있다는 소문이 돌면서 극에 달했다.

예상대로 젊은 야마우치 회장은 취임과 함께 대대적인 물갈이를 단행했다. 정치든 경제든 개혁은 항상 새로운 리더가 입성하는 시기에 집중되어야 한다는 원칙을 충실히 따르기라도 하는 듯 그는 거침없이 과거 세대의 인물들을 내보냈다. 사실 기존의 닌텐도는 창립 후 60년 동안 구축된 확고한 연공서열의 체계로 인해 관료주의가 팽배해 있었다. 게다가 야마우치 일가의 친인척들이 곳곳에 포진하여 경영을 좌지우지하고 있다는 게 젊은 야마우치의 판단이었다. 닌텐도란 배는 튼튼하게 보일지 몰라도 그 안은 숨 쉴 구멍조차 없었고, 사공이 너무 많은 조직이었다.

한번 뽑힌 칼날은 쉽게 다시 칼집으로 들어가지 않았다. 젊은 야마우치 회장은 외할아버지가 회장으로 있었던 시절부터 닌텐도를 위해 일해왔던 모든 중역들을 한 사람씩 해고했다. 또한 확고한 연공서열 체계 때문에 숨 막히던 조직의 동맥경화증을 치료하기 위해 낡은 관행을 과감하게 철폐했다. 과거의 닌텐도로부터 이익을 얻으며 기생하던 모든 사람과의 관계도 단호하게 끊어버렸다.

기득권을 포기한다는 것은 양날의 검이 될 수 있다. 개혁을 위한 명분이기도 하지만, 그동안 사업을 성공적으로 유지해온 노하우나 사업기반의 일정 부분을 포기해야 한다는 것은 쉽지 않은 결정이며 도박인 셈이다.

나비는 허물을 벗은 다음에야 날개를 펼치고 날아오를 수 있다. 젊은 회장은 과거를 답습하는 것을 가장 싫어했다. 또한 그에게는 과거의 공을 앞세우며 이래라 저래라 하며 회사를 좌지우지하는 원로들이 새로운 시대를 대비하는 데 가장 큰 방해물이었을 것이다.

당시 일본은 2차 세계대전의 패배를 뒤로하고 전후 복구에 한창이었다. 그 시기엔 과거의 유물보다 변화된 패러다임에 적응하는 게 생존의 관건이었다. 정치도 일황 숭배의 군부독재가 아니라 민주주의의 시스템이 자리를 잡았고, 경제 또한 족벌과 노동력 착취 기반의 산업은 더 이상 사회에서 용인될 수 없는 분위기가 형성되었다.

피도 눈물도 없는 숙청과 냉정한 과거와의 단절은 단순히 자신의 경영권을 확립하기 위한 것이라기보다 새로운 시대와 경영환경에 살아남기 위한 결단으로 볼 수 있다. 덕분에 회사는 한결 젊어지고 과거의 관습으로부터 자유로워질 수 있었다. 또 한 번의 변화, 새로운 생존 환경으로의 적응은 치열한 적자생존의 정글에서 이루어진 진화였던 셈이다.

온 가족이 함께 하는 카드를 만들다
: 자기 진화를 통해 시장을 확대하라

"새 술은 새 부대에 담아야 한다"는 말에 충실하듯 야마우치 회장은 1951년에 새로운 부지를 매입하고 신사옥을 건축했다. 교토 여기저기에 흩어져 있던 모든 공장을 신사옥으로 이전하고 카드 공정도 새롭게 현대화했다. 새롭게 닌텐도의 신화를 써가려던 젊은 회장은 이즈음에 미국을 방문했다. 전후 일본에 대한 점령권을 행사하던 미국 정부는 일본의 경제를 회복시키는 데 많은 지원을 했는데, 그 일환으로 일본 기업들을 미국으로 초청하여 각종 기술을 전수받을 수 있도록 도왔다. 이 프로그램으로 1950년대에 미국을 방문한 일본 사업가들이 6,600명이나 되었고 방문단에는 마쓰시타, 도시바, YKK 등 유수의 기업들도 참가했다.

야마우치 회장도 이때 미국을 찾았고 당시 세계 최고의 카드 제조

회사인 US플레잉을 방문했다. 닌텐도와 동종 기업이자 세계 최고의 카드 제조사라 불리는 기업을 찾아간다는 생각에 야마우치 역시 많은 기대를 했을 것이다. 그러나 정작 US플레잉을 방문한 그는 심한 충격에 빠졌다. 세계 최고 기업은 뭔가 다를 것이라고 생각했는데, 기껏 2층짜리 허름한 건물 창고에서 제품을 만들고 있었던 것이다.

세계적인 카드 제조회사로 성공해봤자 초라한 창고 건물에서 벗어나지 못 할 거라는 생각에 야마우치 회장은 닌텐도의 앞날을 걱정했다. 일본보다 훨씬 큰 시장을 가진 미국의 카드 제조회사가 이 모양인데 닌텐도는 어떻겠는가. 그는 크게 실망했지만 한편으로는 깨달음을 얻었다. "닌텐도가 단순히 카드를 만드는 회사에 머무르면 미래가 없다. 살아남기 위한 새로운 성장동력을 얻어야 한다. 그러기 위해서는 새로운 사업 분야로 확대해야 한다"는 결론에 이르렀다.

다행히도 야마우치 회장은 미국행으로 인해 불안한 미래를 직시할 수 있었다. 야마우치 회장의 미국행은 닌텐도의 신화가 시작된 출발점, 즉 터닝 포인트가 되었다. 그는 일단 기존 제품과의 차별화 작업부터 시작했다. 1953년 당시에는 코팅되지 않은 종이로 만들어졌던 카드를 플라스틱으로 코팅한 카드로 바꾸고 대량생산체제를 갖추었다. 또 다양한 디자인을 선보이기 위해 월드 디즈니와 캐릭터 라이센싱을 추진했다. 디즈니 캐릭터들은 예쁘고 아기자기하며 어른 아이 할 것 없이 모두가 친숙하게 느낄 뿐 아니라 각각의 스토리도 있었다. 야마우치 회장은 이 스토리가 구매자들에게 친밀감을 느끼게 해주는 데다 게임의 재미를 더해줄 것이라고 예상했다. 이런 판단으로 야마우치 회장은 1959년에 월트 디즈니와 기술협정을 체결하고 미키마우스를 포함한 디즈니의 유명 캐릭터를 뒷면에 인쇄한 오락용 카드를 만들어 판매했다.

디즈니의 캐릭터는 어린이들의 영원한 친구다. 당연히 어린 연령대의 소비자들을 포섭할 수 있었고, 기존의 도박용 오락도구로 굳어진 트럼프 카드가 가족 오락용으로 판매되면서 기존 시장을 확대시킬 수 있었다. 한 회사가 스스로 시장을 확대시킨다는 것은 모든 기업이 동경하는 목표이자 영원한 과제다. 자신이 만든 상품의 시장이 커지는 것을 바라지 않는 CEO는 없다. 다만 그 방법을 몰라 치열한 경쟁의 틈바구니에서 아등바등할 뿐이다. 닌텐도는 품질을 업그레이드하는 데서 그치지 않고 캐릭터 도입이라는 일종의 컨버전스 비즈니스를 발굴함으로써 시장을 확대할 수 있었다. 카드라는 좁은 시야에만 머물러 있었다면 결코 생각할 수 없었을 또 하나의 진화인 것이다.

디즈니 카드의 생산에 발맞추어서 닌텐도는 처음으로 TV 광고를 시작했다. TV 광고라는 매스미디어 홍보는 대량생산과 더불어 대량판매체제의 구축으로 이어졌다. 이어 새로운 유통체제를 만들고 백화점과 대형 완구점에도 납품하기 시작했다. 결과는 곧바로 나타나서 판매실적이 급속도로 증가했고, 그 해에 60만 팩의 카드를 판매했다.

이런 성공은 야마우치에게 새로운 자신감을 불어넣어 주었다. 거대한 시장이자 일류 기업의 본산인 미국에 갈 때만 하더라도 야마우치는 주눅이 들었다. 그러나 미국을 무조건 배우고 따라야 한다는 애초의 강박관념 따윈 어느새 사라졌다. 새로운 도전과 자신감을 갖고 돌아온 그는 캐릭터 카드의 성공에 힘입어 다시 한 번 변화와 도약을 꿈꾸게 된다.

카드 분야에서의 성공에만 연연해하지 않겠다는 야마우치의 결심은 1960년에 구체적인 행동으로 표현되었다. 닌텐도라는 이름 옆에 붙어 있던 '카루타', 즉 카드라는 단어를 떼어내고 닌텐도주식회사로 이름을 바꾼 후 오사카 증권거래소 2부에 상장하였다.

잘못된 판단, 거듭된 실패
: 도전과 무모함을 혼동하지 말라

우리나라에서도 코스닥에 상장만 하면 성공이라는 인식이 지배하던 시절이 있었던 것처럼 닌텐도가 오사카 증권거래소 2부에 상장되자 사람들은 닌텐도를 새로운 눈으로 바라보기 시작했다.

야마우치 회장은 지금까지 해온 카드사업의 한계를 인식하고 새로운 사업으로의 진출을 적극적으로 모색했다. 변화를 기대하는 시선들과 내부의 희망사항이 맞물리자 닌텐도에는 갖가지 새로운 사업 아이디어가 쏟아졌다.

상장 이후 첫 상품은 '한 끼용 즉석 쌀밥'이었다. 우리와 마찬가지로 일본인의 주식은 쌀밥이다. 바쁜 아침 시간뿐만 아니라 매 끼니 식구들의 밥을 준비해야 하는 주부의 고충은 그때나 지금이나 힘들긴 매한가지였으리라. 야마우치 회장은 주부들이 매번 쌀을 씻고 밥솥에 넣어서 식사를 준비하던 것을 생략하고, 간단하게 즉석에서 밥을 준비할 수 있다면 누구나 좋아할 것이라고 생각했다. 광고 카피도 "물만 부으면 순식간에 밥이 된다"였다. 요즘에야 흔한 아이템이지만 40여 년 전에 닌텐도가 개발한 즉석 쌀밥은 그야말로 획기적인 상품이었다.

그러나 예상과는 달리 즉석 쌀밥 출시 결과는 참패였다. 이 상품은 간단하고 빨리 밥을 준비할 수 있다는 편의성에만 초점을 맞춘 나머지 '밥맛'이라는 가장 본질적인 문제를 간과했기 때문이었다.

한 번 실패했다고 해서 또 다른 반짝 아이디어의 분출을 막지는 못했다. 야마우치 회장은 새로운 사업으로 진출하기 위해서는 실패를 두려워하기보다 끊임없이 도전을 거듭해야 한다는 걸 깨달았다. 젊은 야마우치는 이내 다른 곳으로 눈을 돌렸다. 당시 도쿄에서는 러브호텔이 성업 중이었는데, 이에 주목한 그는 교토에서도 잘될 것이라는 생각에 러브호텔 사업을 시작했다. 도쿄나 교토나 사랑을 나누는 사람들은 넘쳐났지만 이 사업도 삐걱댔다.

　러브호텔 사업이나 즉석 쌀밥 모두 아이디어는 좋았지만 중요한 본질을 간과했고 그 때문에 실패라는 결과가 나왔다. 즉석 쌀밥에서 '밥맛'을 놓친 것처럼 러브호텔 사업에서는 문화적 차이를 미처 생각하지 못했다. 도쿄와 교토는 대도시라는 공통점은 있지만 지역 문화와 정서에서는 차이가 컸다. 도쿄는 국제적인 대도시라서 개방적인 문화와 향락산업이 발달되어 있는 반면 교토는 전통을 중요하게 생각하는 지방이었다. 그래서 주변 사람들의 눈을 의식하면서까지 러브호텔을 이용하는 사람은 별로 없었다. 야마우치의 새로운 사업은 이렇게 또다시 실패를 맛보았다.

　반짝 아이디어는 성공으로 가는 지름길이기도 하지만 잘 활용하지 못했을 때는 설익어 먹지 못하는 밥과도 같다. 기발한 만큼 새로운 틈새나 선점의 효과를 노릴 수 있으나 단편적인 생각 하나로 무작정 뛰어든다고 성공할 수 있는 것은 아니다. 색다른 아이디어라 하더라도 중요한 것이 빠졌다면 성공과는 거리가 멀어질 수밖에 없다.

　연이은 실패에도 불구하고 야마우치 회장은 다시 새로운 사업을 모색했다. 사실 성공의 확률보다 더 큰 것이 실패의 확률이라고 볼 수 있다. 에디슨은 전구 하나를 발명하기까지 147번의 실험을 해야 했고, 라이트 형제는 비행기를 만들기 위해 805번이나 실패를 경험해야 했다.

야마우치 회장은 고작 한두 번의 실패로 좌절할 이유가 없다고 생각했다. 그래서 시작한 것이 택시회사였다. 택시사업은 지역의 대중교통으로 자리를 잡고 있었기 때문에 기본적인 수요가 있는 데다 전통이 고스란히 보존된 교토에는 관광객이 꾸준히 방문했기 때문에 그런대로 자리를 잡을 수 있었다. 그러나 이번에도 복병은 있었다. 택시사업이 번창하고 운행하는 차량이 점점 늘어남에 따라 당연히 택시기사도 더 채용할 수밖에 없었다.

택시기사가 늘어날수록 인력 관리에 문제가 생겼다. 계속되는 임금협상, 기사들이 요구하는 복지 혜택과 씨름해야 하는 동안 야마우치 회장은 갈수록 지쳐갔다. 결국 노조와의 줄다리기에 지친 나머지 택시회사 문을 닫아버렸다. 택시회사를 경영하면서 그는 중요한 교훈을 얻었다. 인력이 늘어나면 노사문제가 발생할 수밖에 없고, 그와 관련된 일이 회사 경영에 많은 비중을 차지한다는 것이다. 그래서 가능하면 적은 인력으로 회사를 경영해야겠다는 생각을 하게 되었다.

몇 번의 쓰라린 실패로 닌텐도의 출혈은 매우 심각한 상태였다. 처음 주식시장에 상장됐을 때의 주가는 980엔이었지만 계속된 사업 실패로 주가가 60엔까지 떨어져버렸다. 성공의 신화는 멀어져갔고, 언제 회사 문을 닫아야 할지 걱정해야 하는 상황까지 되었다. 이에 야마우치 회장은 또다시 결단을 내렸다.

도전과 실패의 반복은 회사에 위기를 가져다주었지만 야마우치 회장은 좌절하지 않았고 더 과감한 결단으로 돌파구를 마련했다. 바로 닌텐도의 정체성을 되찾고, 가장 가까운 것으로부터 새로운 출발을 하겠다고 결심했다. 닌텐도는 카드를 만드는 회사, 곧 엔터테인먼트적인 성향이 비슷한 완구업에 진출하기로 한 것이다. 본업으로 돌아가자! 닌텐도와 야마우치의 신화는 이렇게 극단의 위기와 실패를 딛고 성공의 발판을 마련했다.

닌텐도, 울트라핸드로 제2의 전성기를 얻다
: 혁신은 반짝 유행이 아니라 끈기와 집념의 산물이다

새로운 영역으로의 진출이 벽에 부딪치고 주가도 급락했지만 닌텐도는 쓰러지지 않았다. 그나마 다행인 것은 즉석 쌀밥, 러브호텔, 택시 회사가 연달아 실패했음에도 기존 사업인 화투와 카드 쪽에서는 꾸준히 이윤이 나고 있다는 사실이었다.

다시 과거로 돌아가야 하나? 젊은 회장의 의욕은 한낱 춘몽에 불과한 것으로 끝이 나는 것일까? 아이러니하게도 여전히 닌텐도를 지탱해준 것은 그가 단절하고 싶었던 과거의 유물이었다. 아마도 일가 친척들과 구세대를 몰아낸 그의 호기로움은 잠시 주춤했을 것이다.

야마우치의 닌텐도 개혁에 조소와 냉소를 보내던 직원들 역시 더욱 불신을 가졌을 테니 사면초가가 따로 없었다. 그러나 실패를 겪었다고 해서 다시 카드와 화투만 바라볼 수는 없었다. 야마우치 회장은 자신의 실패를 변명하고 허둥대기보다 스스로에게 근본적인 물음을 던졌다.

'과연 닌텐도가 가야 할 방향은 어디일까? 닌텐도 사업의 본질은 무엇일까?'

야마우치 회장은 트럼프 카드에 캐릭터 디자인을 도입하면서 성공을 경험했다. 카드라는 엔터테인먼트용 도구의 플러스알파로 또 다른 엔터테인먼트 요소를 끌어다 결합시켜 엄청난 성공을 거두었다. 그는 기존의 닌텐도와 단절하고 새로운 사업을 하겠다고 해서 닌텐도의 정체성을 부정하고 완전히 다른 사업 영역으로 간다는 것이 아님을 깨달았다. 그보다 닌텐도가 가야 할 방향이자 업의 개념은 바로 '오락산업'이라는 확신을 가졌다.

그 이후 야마우치 회장은 다른 사업에서 성장 엔진을 찾지 않고 오락산업이라는 테두리 안에서 새로운 기회를 모색했다. 물론 화투와 카드만을 의지한 채 안주하겠다는 생각은 아니었다. 그는 오락산업의 영역에서 새로운 것을 찾기로 했다. 그러기 위해서는 여전히 닌텐도의 조직과 사람이 바뀌어야 했다.

야마우치 회장은 1969년에 '연구개발부'를 만들어 별도의 사무실을 쓰도록 했다. 닌텐도 내에서도 별동대를 꾸린 것이다. 도시샤 대학의 법학과를 졸업하고 닌텐도에 입사하여 총무부장을 맡고 있던 이마니시 히로시를 수장으로 한 연구개발부는 화투나 카드가 아닌 완전히 다른 오락제품을 만들어내기 위해 만든 조직이었다.

이마니시에게 연구개발부를 맡긴 야마우치 회장은 또 하나의 카드를 꺼내 들었다. 기존의 닌텐도 제품에서 벗어난 새로운 것을 개발해낼 적임자로 요코이 군페이를 점찍어둔 것이다. 교토가 고향인 요코이 군페이는 전자공학을 전공했고 회사에서 카드와 화투를 생산하는 기계를 관리하고 있었던 신입 엔지니어였다.

어느 날 야마우치 회장은 이마니시와 요코이를 자기 사무실로 불러 뭔가 지시를 내렸다.

"이번 크리스마스 시즌에 맞춰 신제품을 개발하게."

"어떤 신제품을 말씀하십니까?"

"획기적인 것이면 무엇이든 좋네."

신제품 개발 지시는 이렇게 막연한 한마디로 끝났다. 시장조사와 소비자의 취향, 마케팅 계획 등을 고려한 분석 따위는 애초에 없었다. 그저 '뭔가 획기적인 것'이면 됐다.

야마우치 회장은 세부적인 것을 밝히지 않고 비밀리에 사업을 계획하며 넌지시 암시하는 선에서 그쳤다. 나머지, 즉 '획기적인 그 뭔가를 만들어내는 것'은 오로지 개발자의 몫이었다. 엉뚱한 발상과 우연의 발견이 성공을 이끈다는 말처럼, 야마우치 회장의 막연한 신제품 개발 지시는 요코이의 발명품을 통해 빛을 보게 되었다.

닌텐도에 입사한 요코이는 자기 전공을 살려 각종 전자제품을 해체하고 조립하며 주말을 보내고 있었다. 이런저런 물건을 만지고 자신의 전공과 손재주로 여가를 보내던 그는 나무막대들을 격자로 이어서 겹치는 부분은 볼트로 조이고, 한쪽 끝에 손잡이 두 개를 달아 집게를 만들어냈다. 두 손잡이를 벌렸다가 조이면 반대편 집게도 역시 벌어졌다가 오므러지는 이 집게는 먼 곳의 물건을 집는 데 사용할 수 있는 실용적인 도구였다. 요코이는 만화 〈형사 가제트〉의 만능 팔처럼 사용할 수 있는 이 물건을 야마우치 회장과 이마니시에게 보여주었다. 다소 엉뚱한 이 물건을 본 야마우치 회장은 오래간만에 웃을 수 있었다. 성공을 예감한 그는 곧바로 이를 상품화시키라고 지시했다.

야마우치 회장은 공학에 문외한이었다. 그러나 엔지니어를 중시하고 새로운 제품에 대한 비상한 감각이 있었으며, 기발한 아이디어를 내는 데 주저함이 없는 경영인이었다. 그는 엔지니어의 발상을 더욱 발전시키기 위해 격려를 아끼지 않았으며 신제품 개발에 박차를 가했다.

요코이의 아이디어는 '울트라핸드Ultra Hand'라는 상품으로 개발되어 처음 목표대로 크리스마스 시즌 전에 시판되었다. 개당 가격이 약 800엔이었던 이 제품은 TV광고가 나가면서 무려 120만 개나 팔렸다. 울트라핸드는 닌텐도로서는 기념비적인 제품이었다. 화투나 카드, 혹은 캐릭터 디자인 카드처럼 기존의 확장판이 아니라 완전히 다른 첫 완구상품이었던 것이다. 이것은 1세대 닌텐도의 역사에서 2세대 닌텐도로 넘어가는 매개체였다.

울트라핸드의 성공은 야마우치 회장이 실패를 겪으며 깨달았던 "업의 본질을 지키며 새로운 성장동력을 삼는다"는 원칙에 충실히 부응하는 성과였다. 이 성과는 이후의 또 다른 과실을 맺게 하는 기폭제가 되었다.

울트라핸드의 성공 이후 야마우치 회장은 요코이에게 계속 신제품을 개발하라고 독려했다. 그래서 나온 후속작이 바로 '울트라머신 Ultra Machine'이다. 실제 야구공보다 가벼운 야구공을 발사하는 피칭머신으로, 실내에서도 야구 배팅 연습을 할 수 있었다.

1973년에 발매된 이 제품은 3년간 매년 70만 대가 팔렸다. 연이은 실패 이후에 찾아온 연타석 홈런인 셈이다. 이후 '울트라 시리즈'는 계속 개발되었다. 렌즈가 잠망경처럼 달린 '울트라스코프 Ultra Scope'는 골목길에서 집 담장 안을 넘어보거나 고개를 돌리지 않은 상태에서 뒤를 볼 수 있도록 초점이 자동으로 맞춰지는 완구였다.

울트라 시리즈의 잇단 성공으로 야마우치 회장이 그토록 기대했던 닌텐도의 변화가 찾아왔다. 오락카드 회사가 아닌 어린이 장난감

회사로 변신한 것이다. 이처럼 '업'의 본질을 지키되 기존의 것과 다르게 완전히 혁신해서 성공할 수 있었던 것은 야마우치 회장의 끈기와 집념 덕분이었다.

디지털 카메라와 프린터, 복사기로 유명한 캐논만 보더라도 알 수 있다. 캐논이 다양한 분야에서 성공할 수 있었던 것은 사무기기 전문이라는 본업에 충실하면서, 쌓아둔 노하우로 새로운 것에 도전했기 때문이다. 아날로그에서 디지털로 바뀌더라도 그들은 사무기기 본연의 기능과 역할에 충실했다. 그리고 그 과정에서 축적된 디지털 기술의 노하우로 디지털 카메라의 성공이라는 결실을 맺게 되었다.

"처음에는 '저런 걸 시작하다니!' 라며 갖은 조롱을 당하고, 2대째에는 '된다 된다 하면서 도무지 되는 게 없잖아' 라며 거짓말쟁이 취급을 당했다. 그러다 3대째에 겨우 꽃을 피웠다"는 사카마키 히사시 캐논전자 사장의 말처럼 그들은 주변의 시선과 평가에 연연해하지 않았다. 반짝이는 아이디어로 발 빠르게 제품화에 성공해서 시장에 내놓은 야마우치 회장과, 한 제품을 개발하여 상용화할 때까지 복사기는 18년, 레이저 프린터는 21년, 리플렉스 카메라는 22년이라는 시간이 소요됐던 캐논의 모습은 상당히 대비된다. 하지만 그들은 고초와 좌절에 굴하지 않고 꾸준히 본업에 충실하며 새로운 것을 결합시키려 했다는 데 공통점이 있다.

광선총 개발로 해외 수출의 길을 열다
: 성공 관성의 법칙, 성공에 힘을 더하면 가속도가 붙는다

야마우치 회장은 별동대를 더 키워나갔다. 요코이를 중심으로 한 연구개발부는 계속 젊은 공학도를 충원했다. 새로운 조직의 핵심역량으로 선발된 이들은 열심히 일했고 야마우치 회장은 연구개발부의 젊은 직원들 간에 개방적인 경쟁을 부추겼다. 오죽하면 "회장님께 칭찬받는 것이야말로 가장 큰 보람이다"라고 말한 기술자가 있었을까. 윗사람의 눈에 드는 것보다는 자신의 능력을 인정받고 전문가로서의 역량을 발휘하는 것을 최우선으로 생각하는 요즘 사고방식으로는 이해하기 힘들 수도 있다. 그러나 당시 닌텐도 개발자들은 야마우치 회장의 뛰어난 통찰력과 카리스마에 사로잡혀 충성을 다했다.

"사람들은 노동 강도가 심해진 것에 불평과 불만을 토로한다. 그렇게 불평하는 사람들의 52퍼센트가 자기 직업에 만족을 표시했다. 또한 객관적으로 노동 강도가 심한 직장에서 일하는 사람들의 65퍼센트가 자기 직업에 만족을 표시했다. 반면 일을 적게 하거나 노동 강도가 그다지 높지 않다고 느끼는 사람들 중에서 자기 직업에 만족을 표시한 사람들은 불과 45퍼센트에 지나지 않는다"는 〈USA투데이〉의 기사처럼 닌텐도 개발자들은 열심히 일했고 그만큼 자기 직업에 대한 만족도가 높았다. 불평불만은 줄었고 닌텐도와 야마우치 회장을

위해 기꺼이 최선을 다했다.

경쟁을 부추기고 기발한 아이디어를 격려하던 야마우치 회장이었지만 때론 변덕 많은 군주의 모습을 보여주기도 했다. 그런 그였지만 단 한 가지 변덕을 부리지 않았던 것이 바로 새로움을 추구하고 남들이 하지 못했던 기발한 발상을 할 수 있도록 조직 문화를 바꾼 것이다.

성공한 조직의 리더는 저마다 독특한 용인술과 리더십이 있는 법이다. 당시 닌텐도는 야마우치 회장의 카리스마가 서서히 자리 잡아가던 시절이었다. 그래서인지 그의 지시에 반기를 드는 사람은 아무도 없었다.

야마우치 회장이 자신의 별동대를 개방적인 경쟁으로 이끌어가면서 새로운 도전을 하고 있을 때 또 한 명의 인재가 닌텐도의 세계에 입성했다. 닌텐도가 별동대를 중심으로 완구회사로 변신하는 데 결정적인 기여를 한 우에무라 미사유키다. 그는 야마우치 회장의 마음에 쏙 드는 사람이었다. 가난한 집안에서 태어나 이렇다 할 장난감 없이 자랐기 때문에 어린 시절 쓰레기장에서 주워 모은 부품을 가지고 이런저런 놀이기구를 만들며 놀았다. 쓰레기장에서 찾은 부속품들을 조립해서 무선 조종 장난감 비행기까지 만들었다고 하니 완구회사에서 찾는 인재상에 가장 적합한 인물이었던 셈이다.

우에무라는 독학으로 산업대학에 들어가 전자공학을 전공했다. 대학을 졸업하자 태양전지에 사용되는 감광반도체를 제조하는 샤프Sharp에 입사했다. 샤프에서 영업 일을 하던 우에무라는 어느 날 닌텐도의 연구개발부를 찾아간다. 태양전지를 영업하기 위해서였다.

우에무라는 연구개발부의 요코이에게 태양전지를 장난감 개발에 응용해보라고 권했다. 우에무라의 말을 유심히 듣고 있던 요코이는 아예 그를 스카우트하려는 생각을 하게 된다. 요코이는 우에무라에게 "아예 닌텐도로 와서 태양전지를 이용한 장난감을 개발해보자"고 제의했다. 우에무라는 자신이 좋아하는 장난감을 만들 수 있는 닌텐도로 직장을 옮겼고 새로운 장난감 개발에 몰두했다.

우에무라는 1달러짜리 은화와 비슷한 크기의 태양전지들을 이용한 광선총을 만들었다. 그 총의 탄환은 가느다란 광선이었다. 이 광선총으로 플라스틱 맥주병 표적을 맞추면 퍼즐조각처럼 흩어지면서 마치 폭발하는 것처럼 화면에 표현되었다.

우에무라의 광선총은 사자나 맥주병 같은 표적을 포함해서 한 팩당 4,000~5,000엔에 판매되었고, 1970년대 초반에 100만 팩이 넘게 팔렸다. 울트라 시리즈의 성공과 광선총의 대박은 닌텐도의 성장에 가속도를 붙였다. 매출액은 급증했고, 닌텐도의 주식은 오사카 증권거래소 1부에 상장되어 주가도 급등했다.

성공의 법칙에는 분명 '관성의 법칙'이 있다. 외부의 변수에 의해 멈추어버리듯 주저앉지만 않는다면 성공은 계속 진행되는 법이다. 그리고 성공에 더욱 힘을 가하면 가속도가 생긴다. 광선총이 날개 돋친 듯 팔리자 요코이는 광선총 제조기술을 다른 제품에도 응용해보자고 야마우치 회장에게 제안한다. 당시 일본에는 클레이 사격의 일종인 스키트 사격의 인기가 높았다. 요코이가 직접 사격장에 가서 스키트 사격을 해보니 스릴과 쾌감을 맛볼 수 있었다. 그날 이후 그는 날아가는 접시를 맞추는 기분을 고스란히 느끼게 해주는 게임기를 만들기로 결심했다. 우에무라의 광선총을 응용하면 충분히 제작도 가능하고 상용화할 수 있을 것이라고 야마우치 회장에게 설명했다.

야마우치 회장은 요코이의 제안을 듣자마자 자신의 직감과 장점을 활용했다. 그는 각종 정보를 수집하고 검토해서 사업에 활용하는 뛰어난 능력이 있었다. 스키트 사격과 광선총의 결합을 단지 기능적인 면에서 구현이 가능하다는 것과는 별개로 수익이 되는지 판단해야 했다. 개발자들이 만들어내는 기발한 제품을 수익 높은 사업 기회로 창출하는 게 그의 일이었다.

당시 1960년대 초반 일본에서는 볼링이 한창 유행 중이었다. 볼링 붐을 타고 전국에 우후죽순처럼 볼링장이 들어섰으나 열풍이 시들해지자 수많은 볼링장이 문을 닫을 수밖에 없었다. 긴 레인이 여러 개 깔려 있는 볼링장의 규모는 광선총 실내 사격장의 규모로 손색이 없었다. 야마우치는 폐업한 볼링장을 광선총 사격장으로 바꾸면 사업이 될 것이라고 판단했다. 볼링장 레인의 끝에 볼링핀 대신 표적용 접시를 영상으로 비춰주는 전광판을 달아 사격장의 구색을 갖추었다. 전광판의 태양전지들은 광선총에서 발사된 광선을 감지하고, 감지된 횟수는 득점으로 환산하여 전자 게시판에 표시되었다. 오락도구에 점수가 결합된 승패의 게임으로 광선총이 진화된 것이다.

1973년 교토에 세계 최초로 레이저 광선총을 이용한 사격장이 문을 열었다. 요즘 새로운 디지털 기기가 나오면 세상의 주목을 받는 것처럼 당시 닌텐도의 사격장은 세계적인 관심을 끌었고 TV와 신문에도 크게 보도되었다. 새로운 장난감인 광선총에 대한 호기심도 사람들의 관심을 모았지만, 무엇보다 승패를 가리는 게임의 요소가 결합되었기에 오락산업의 가장 근본적인 '재미와 호승심'을 자극했다. 울트라 시리즈는 '혼자 노는 재미'였지만 광선총 사격장은 화투와 카드처럼 오락과 승부가 결합되었다. 이렇게 야마우치 회장은 닌텐도만의 장점을 극대화하며 연이은 히트 퍼레이드를 벌였다. 닌텐도 레이저 클레이 사격장은 일본의 여러 도시에 설치되었고, 도시인들이 저녁시간을 즐길 수 있는 최신 오락시설로 각광받았다.

1974년에는 스크린을 이용한 '와일드건맨Wild Gunman'이라는 사격장도 등장했다. 스크린의 살인광이 총을 발사하기 전에 게이머가 레이저 광선총으로 그를 맞추면 스크린에 내장된 센서가 감지하여 점수가 올라간다. 이런 영상투사기법을 이용한 게임들은 일본뿐 아니라 미국과 유럽으로 수출되었다. 레이저 광선총을 이용한 오락장은 닌텐도 최초의 수출품이 되었다.

세계인을 즐겁게 한 게임기

화투

19세기 말, 화가 겸 장인 야마우치 후사지로가 화투를 개발하고, 이를 판매하기 위해 닌텐도를 창립한다. 총 48장의 화투는 4장씩 묶어 12달을 상징하는데, 1월은 소나무와 두루미, 2월은 꽃, 3월은 벚꽃, 4월은 싸리풀, 5월은 난초꽃, 6월은 목단꽃, 7월은 홍싸리, 8월은 둥근 달, 9월은 국화꽃, 10월은 붉은 단풍, 11월은 오동나무, 12월은 한 서예가의 이야기가 그려져 있다.

화투&카드게임

화투의 수요가 늘어나자 닌텐도는 본격적인 오락도구 업체로 알려졌고 일본 전역으로 화투를 판매한다. 1902년 닌텐도는 일본 최초로 서양의 트럼프 카드를 생산하고, 1953년에는 카드를 플라스틱으로 코팅하여 출시한다. 1959년에는 월트 디즈니와 기술협정을 체결하고 미키마우스를 포함한 디즈니의 유명 캐릭터를 인쇄한 카드를 만들어 판매한다.

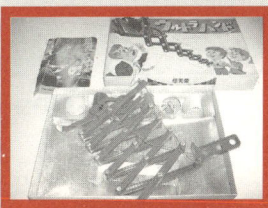

울트라 핸드

요코이 군페이는 닌텐도 최초의 오리지널 완구인 울트라핸드를 개발한다. 두 손잡이를 벌렸다가 조이면 반대편의 집게도 역시 벌어졌다가 오므려지는 울트라핸드는 먼 곳의 물건을 집는 데 사용할 수 있는 실용성과 재미를 동시에 가지고 있다. 당시 이 제품은 무려 120만 개나 팔린다.

광선총

우에무라는 가느다란 광선을 탄환으로 한 광선총을 만든다. 이 광선총으로 플라스틱 맥주병 표적을 맞추면 퍼즐 조각처럼 흩어지면서 마치 폭발하는 것처럼 화면에 표현된다. 사자는 광선총을 맞으면 울부짖기까지 한다. 야마우치 회장은 이 광선총을 이용한 레이저 클레이 사격장 사업을 시작한다.

3장

동종 경쟁을 치르다

다윈이 말하기를, 동물들은 동종 간 경쟁이 가장 치열하다고 했다.

"싸움은 거의 언제나 같은 종의 개체 사이에 가장 격렬하게 일어난다. 왜냐하면 이들은 같은 지역을 배회하고 같은 것을 먹고 같은 위험에 노출되어 있기 때문이다."

기업들도 과거에는 국내기업 간 경쟁을 하였다. 그러나 이제는 글로벌화되면서 지역을 떠나 같은 업종에서 글로벌 컴퍼니와 경쟁하게 되었다. 경영자나 리더들도 글로벌 리더들과 경쟁해서 살아남기 위해서는 리더십의 글로벌화가 요구된다. 리더십도 시대에 따라 진화하고 있기 때문에 국내 리더들도 글로벌 리더십을 다시 학습해야 한다.

NinTenDo

TV게임 출시로 오일 쇼크를 극복하다
위기에서 기회를 찾다

해외에 수출까지 했던 레이저 광선총의 성공은 닌텐도의 성공가도에 날개를 달아주었다. 오락산업의 확대와 완구업의 번창은 닌텐도와 야마우치로 하여금 자신감을 갖게 하기에 충분했다. 그러나 사업이란 늘 그렇듯 내부적인 역량과 무관하게 외부의 환경에 영향을 받을 수밖에 없다.

1973년에 터진 1차 오일쇼크는 닌텐도의 승승장구에 찬물을 끼얹었다. 닌텐도뿐 아니라 세계 경제가 휘청거릴 정도로 심각한 위기가 닥쳐왔다. 배럴당 2달러에 불과하던 원유가격이 하루아침에 10달러로 치솟자 호황의 휘파람은 불황의 아우성으로 바뀌었다. 내수경제의 호황과 해외수출의 증대로 경제성장을 구가하던 일본 시장도 급속도로 얼어붙었다.

경제가 불황국면으로 접어들면 사람들의 지갑도 좀처럼 열리지 않는다. 생활에 꼭 필요한 것에만 지출하고 여가활동이나 외식 등 소비심리는 극도로 위축되었다. 특히 닌텐도의 사업영역이던 오락산업은 사람들이 가장 먼저 지갑을 닫아버리는 산업이었으니 그 여파가 오죽했을까.

전 세계를 강타한 오일쇼크로 인한 내수의 불황에 이어 해외 주문마저 취소되자 닌텐도는 매출 감소를 걱정하기에 앞서 생존 문제에 직면하게 된다. 모험이라고 할 만큼 과감하게 레이저 클레이 사격장에 투자를 감행했던 닌텐도는 과도하게 끌어들인 부채를 상환할 만한 여력이 없었던 것이다. 졸지에 파산 위기까지 내몰린 닌텐도는 특단의 조치를 취해야만 했다.

경제위기가 계속되면 대부분의 기업들은 긴축경영과 현금 확보 등 폐쇄적이고 소극적인 기업운영을 한다. 특히 신규투자나 새로운 사업으로의 진출은 막대한 돈이 들어가기 때문에 위기 때는 상황을 지켜보는 수밖에 없다. 우리나라 역시 IMF나 2008년 글로벌 경제위기 앞에서 기업들은 대규모의 구조조정을 통해 '몸집 줄이기'에 나섰다.

야마우치는 커다란 위기 앞에서 어떻게 돌파구를 찾을까 고민했다. 이제 겨우 화투와 카드를 만드는 회사라는 이미지를 벗어버리고 오락과 완구업체로 거듭났는데 바로 '오락과 완구업'을 하는 이유로 경제위기에서 가장 먼저 퇴출당할 수 있는 업체가 되어버린 것이다.

다른 회사들처럼 몸집을 줄일 것인가 아니면 과감하게 정면 돌파를 할 것인가. 야마우치는 결단을 내려야만 했다. 파산 위기에 직면하고 있던 그로서는 단순히 몸집을 줄이는 것만으로 닌텐도의 앞날을 보장할 수가 없었다. 결국 그 어느 때보다도 획기적인 상품을 개발하는 데 전력을 다하기로 했다. 그러나 불황을 뚫고 기사회생의 전기를 마련해줄 획기적인 상품을 만들기란 생각만큼 쉽지 않았다.

이렇게 새로운 상품개발에 고심하던 중, 때마침 야마우치는 일본 최대 전자회사의 중역으로 일하던 친구를 만나 귀중한 정보를 얻는다. 그 친구가 이야기한 것은 '반도체'와 '마이크로프로세서' 기술이었다. 이미 컴퓨터나 사무용 기기에 이 두 가지가 응용되고 있으니 머지않아 가정에서 사용하는 제품에도 혁명적인 변화가 올 것이라는 예측이었다. 또한 반도체는 개발 단계를 넘어서 대량생산체제로 들어가 가격이 많이 낮아졌다. 따라서 오락상품에도 응용할 수 있을 것이란 말에 야마우치는 또 한 번 자신에게 기회가 찾아왔음을 직감한다.

당시 미국에서는 아타리Atari나 마그나복스Magnavox와 같은 게임업체들이 가정용 TV 수상기를 사용해 즐길 수 있는 게임기를 만들고 있었다. 야마우치는 이를 면밀히 분석하여 새로운 돌파구를 마련할 수 있겠다고 판단했다. 곧이어 마그나복스의 비디오 게임기를 일본에서 만들어 팔 수 있는 권리를 따낸 야마우치는 위기를 극복할 수 있는 전환점을 마련한다.

위기란 말은 한자로 '危機', 즉 위험과 기회가 합쳐진 말이다. '危'는 위험을 뜻하고 '機'는 기회를 뜻한다. 즉, "위기상황이 오면 위험을 예측하는 동시에 기회를 살피라"고 한 존 F. 케네디의 말을 야마우치는 충실히 이행했던 셈이다. 파산에 직면한 상태에서 물러설 곳이 없다는 절박감도 있었겠지만 위기 극복은 곧 새로운 기회 포착으로 가능하다는 그만의 공격적인 경영방식을 보여준 것이다.

마그나복스의 게임기를 TV 수상기와 연결하여 사용하는 미국 최초의 비디오 게임인 '퐁Pong'은 게이머가 패들을 조종하여 중간에 움직이는 한 광점光點을 마치 탁구공을 치듯 즐기는 놀이다. TV 화면에 특수 플라스틱 판지를 붙여놓으면 사람들의 눈에 광점은 미식축구나 테니스, 축구 등 구기 종목의 공으로 보였다. 이로써 게이머들은 '퐁'과 같은 다양한 게임을 즐길 수 있었다.

이러한 새로운 시도는 닌텐도가 경제 불황의 늪에서 벗어날 수 있는 디딤돌을 마련해주었다. 야마우치는 단순히 마그나복스의 게임기를 복제해서 생산하고 판매하는 권리에 만족하지 않고, 오히려 광선총 개발의 주역인 우에무라에게 반도체 기술을 이용한 새로운 비디오 게임기 개발을 지시하였다. 그러나 당시 닌텐도는 마이크로프로세서를 이용한 회로판 제조 기술을 갖추지 못했다. 하지만 닌텐도와 야마우치에게 이것은 별 문제가 되지 않았다. 내가 가지지 못한 것이라면 그것을 가지고 있는 사람에게 빌리면 된다. 우에무라는 전자회사와의 제휴를 건의한다. 닌텐도는 미쓰비시와 손을 잡기로 하고 본격적으로 비디오 게임기 생산체제에 돌입한다.

문제가 해결되자 닌텐도는 비디오 게임을 연이어 출시한다. 1977년에 6가지 광점을 이용한 '컬러TV 게임6'을 내놓으며 가정용 게임기 시장에 진출하였고 100만 대의 판매량을 기록한다. 이후 '컬러TV 게임15'를 후속편으로 내놓으며 역시 100만 대의 판매기록을 올린다. 닌텐도의 개발자들은 더욱 기세를 올려 '레이싱 게임'과 '벽돌 깨기' 게임까지 개발하고 이것 역시 성공으로 이어진다.

위기에서 벗어난 닌텐도는 여유를 찾았고 오일쇼크로 겪은 어려움은 야마우치에게 평생의 '성공법칙'을 깨닫게 해준다. "다른 길을 찾아야 한다. 완전히 새로운 것을 찾기 위해 우리가 가지고 있는 모든 낡은 고정관념들을 모조리 버려야 한다"는 그의 말은 앞으로 닌텐도가 추구하는 방향이 무엇인지 짐작할 수 있게 한다. 성공은 달성한 그 순간부터 현재나 미래형이 아닌 과거형일 뿐이다. 또 다른 성공을 이루기 위해서는 빨리 샴페인의 거품을 걷어낼 줄 알아야 한다. 야마우치와 닌텐도는 이 공식을 기업의 명운이 걸린 주문으로 여기며 또 다시 신천지로 도전의 여정을 떠난다.

세계 최초로 휴대용 게임기를 만들다
● 관찰하라, 그럼 얻을 것이다

위대한 발명품이나 기발한 제품은 어떻게 만들어지는 걸까? 머리에 번개를 맞은 듯 획기적인 아이디어가 순간 떠오른다면 얼마나 좋을까? 그러나 그런 천재일우의 행운을 기다리기보다 평소에 자기 분야와 관련된 안목을 꾸준히 기르는 것이 좋다. 그런 다음에 주위를 둘러보면 영감을 얻을 수 있다. 일상적이고 사소한 것을 관찰하면서부터 상상과 창의성의 나래는 펼쳐지는 법이다. 강력한 접착제를 만들려다 실패하고 붙였다 떼기를 반복할 수 있는 것을 발견하여 대성공을 거둔 3M의 포스트잇을 보라. 이처럼 실패작에서 성공요소를 발견한 것도 사소한 부분을 놓치지 않고 면밀히 관찰한 덕분이다.

울트라핸드로 닌텐도가 완구업체의 면모를 갖추게 하고, 시장에서의 포지셔닝도 재정의한 요코이는 다시 한 번 게임세계를 놀라게 할 제품을 만들어낸다. 1970년대 후반이 되자 사람들은 계산할 때 주판알을 튕기기보다 전자계산기를 눌러대기 시작했다. 전자계산기는 탁상용에서 휴대용으로 진화하여 저렴한 가격으로 시장에 나왔고, 사람들은 앞 다퉈 제품을 구매했다. 담뱃갑만 한 크기의 소형 전자계산기 가격이 1,000엔에 불과해 너도나도 주판을 버리고 전자계산기를 선택했다. 그런데 이 전자계산기가 요코이로 하여금 새로운 게임기의 신화를 만들어준다.

요코이는 도쿄로 출장갈 때 가끔 신칸센 기차를 이용하였다. 어느 날 도쿄로 향하던 기차 안에서 그는 한 회사원이 휴대용 계산기를 가지고 시간을 때우는 것을 보게 되고 그저 버튼을 이리저리 누르며 혼자서 숫자놀음을 하던 그 회사원의 모습에서 요코이는 휴대용 게임기라는 발상을 하게 된다. 홀로 울트라핸드를 창조해낸 요코이는 상상력이 매우 풍부한 사람으로 다양한 관점과 예리한 관찰력으로 전혀 새로운 것을 창조해내는 능력이 있었다. 요코이는 한 사물을 관찰하며 새로운 생각이 떠오르면 끈질기게 탐구했다. 그의 발명이나 혁신적인 아이디어는 모두 관찰의 힘이라 해도 과언이 아니다.

요코이는 휴대용 전자계산기를 보면서 휴대용 게임기의 아이디어를 얻었고 그 아이디어는 야마우치의 추진력에 힘입어 실제 개발로 이어진다. 야마우치는 요코이의 이야기를 듣고 휴대용 전자계산기 업체인 샤프와 협력 체결을 하고 휴대용 게임기 개발에 박차를 가한다. 요코이는 샤프와의 협력에 힘입어 전자계산기의 부품을 이용할 수 있게 되었으니 이젠 마음껏 원하는 그림을 그릴 일만 남은 것이다. 요코이는 게임을 위한 디스플레이를 크게 만들고 간단한 게임 소프트웨어를 장착한 닌텐도의 휴대용 게임기를 만들어냈다. 세상에서 가장 작은 컴퓨터 게임기란 수식어를 달고 나온 이 게임기가 바로 '게임&워치Game&Watch' 였다.

세계 최초의 휴대용 게임기인 게임&워치는 휴대용 전자계산기처럼 작은 버튼으로 조작하게 되어 있어 사용하기가 불편했다. 지금이야 이런 휴대용 게임기의 작은 버튼이 익숙해졌지만 언제나 '최초'라는 타이틀은 낯설고 불편하게 느껴진다. 그러나 이런 불편함보다 '휴대용'이란 콘셉트가 사람들을 매료시켰고 게임&워치는 큰 성공을 거둔다. 소형 디지털시계까지 장착된 게임&워치는 수요를 따라갈 수 없을 정도로 폭발적인 인기를 끌며 다시 닌텐도의 수출 전선에 청신호를 켜게 만든다. 게임기는 다른 나라에서 불법으로 복제되어 시장에서 은밀히 거래될 정도로 인기가 높았다.

게임&워치의 성공으로 야마우치와 그의 충성스러운 개발자들은 확실한 성공의 법칙을 깨닫는다. 오일쇼크의 위기를 이겨낸 그들은 하나의 관점으로 세상을 바라보았다. 그들은 위기상황 속에서 모든 것을 게임의 시각으로 보고 아이디어를 얻었다. 곧 그들은 기가 막힌 제품을 들고 시장에 등장한다.

닌텐도가 하루아침에 이런 성과를 낼 수는 없었다. 자기 분야에서, 즉 자신의 '업'에 충실한 사람이라면 어떠한 사물을 보더라도 철저히 '업'의 관점에서 보게 될 것이고 그것은 혁신적인 아이디어로 이어진다. 이처럼 '업'에 충실한 프로페셔널은 다른 사람들의 눈에 보이지 않는 것을 볼 수 있는 혜안을 갖게 된다.

가정용 게임기 패미콤의 등장
● 도전에 끝이란 없다

야마우치는 휴대용 게임기를 개발한 요코이에게 '스몰 사이즈'를 계속 연구하도록 하고 다른 개발자들에겐 '빅 사이즈'를 개발하라고 지시한다. 오락실의 아케이드 게임Arcade Game에 주목한 야마우치는 전 세계의 십대 청소년들을 흥분시킬 만한 동전투입 식의 비디오 게임기 개발을 광선총 개발자인 우에무라에게 맡긴다.

　게임의 개발은 요코이나 우에무라에게 맡길 수 있었지만 닌텐도의 장래에 대한 고민은 야마우치의 몫이었다. 그는 개발자들과 함께 늦은 밤까지 대화를 나누며 게임과 관련한 지식을 쌓고 게임기의 다양한 활용에 대해 눈을 떠갔다. 그리고 기존의 단순한 게임기가 아니라 더 많은 기능과 활용도를 가진 게임기의 개발이 결국 닌텐도의 미래를 보장할 것이란 전략적인 판단을 하게 된다.

　"그분은 컴퓨터를 조립할 줄은 몰랐지만 단순한 놀이용품으로 보았던 가정용 컴퓨터 게임기의 무한한 가능성을 한눈에 알아봤습니다."

개발책임자였던 우에무라의 말처럼 야마우치의 전략적 판단 능력은 탁월했다. 해당 기술의 전문가는 아닐지 몰라도 기술의 흐름과 트렌드의 예측 능력은 누구보다 뛰어났던 것이다. 닌텐도가 게임 산업의 최강자로 발돋움할 수 있는 전환점은 비디오 게임기의 개발에 달려 있다는 것을 간파한 야마우치는 또 다른 정상을 향해 발걸음을 내디딘다.

안나푸르나 정상을 등정했다고 만족하는 산악인은 없다. 그들은 정상에 오름과 동시에 저 멀리 에베레스트 정상을 바라본다. 도전의 끝이란 있을 수 없다. 한 번의 도전으로 성취한 것은 그저 하나의 산을 등정한 것으로 야마우치와 닌텐도가 등정해야 할 산은 아직도 많이 남아 있었다.

우에무라는 닌텐도의 차기작이 추구해야 할 목표는 철저히 '재미'라고 규정했다. 그 자신이 개발자이지만 '기술 완벽주의'보다 '게이머 프렌들리'를 최우선 과제로 설정한 셈이다. '아이들과 게이머들의 오감을 단숨에 사로잡을 만한 게임기'는 무엇보다 빠른 속도의 영상과 도전의식을 자극하는 난이도에 있다.

게임 디자이너가 흥미진진하고 몰입을 요구하는 게임을 구상한다면 하드웨어 담당자인 개발자들의 몫은 게임을 구현할 수 있는 고성능 회로판의 설계였다. 우에무라는 밤잠도 잊은 채 매일 개발자들과 함께 게임기용 회로판의 비밀을 탐구하기 위해 전력을 다했다. 일단 개발을 염두에 둔 게임기의 중앙처리장치인 CPU로 '6052'라는 저렴한 가격대의 마이크로프로세서를 떠올렸지만 예전보다 훨씬 복잡한 비디오 게임의 요구 조건을 충족시킬 수는 없었다. 컬러 TV의 화려한 색상을 보여줄 수 있는 회로판의 칩은 색상과 명암을 조절하고 영상이 재빨리 움직일 수 있도록 하는 것이 최우선이었다. 다른 게임회사들은 최대 8가지의 색상을 처리할 수 있는 'TI9918'이란 칩을 사용하고 있었으나 우에무라는 여기에 만족하지 않았다. 더 많은 색상을 구현할 수 있는 것을 찾아야 했다. 그 결과 52가지의 색상을 보여줄 수 있는 회로판이 개발되었고, 스포트라이트의 크기와 수를 늘릴 수 있도록 거듭 실험에 임했다. 결국 수많은 실험을 한 끝에 핵심적인 칩 2개를 장착하는 것으로 게임기의 기본 설계를 마쳤다.

우에무라의 남은 숙제는 핵심적인 반도체 칩을 공급받을 수 있는 아웃소싱 업체를 찾는 것이었다. 그러나 대부분의 반도체 회사들이 닌텐도의 요구사항에 고개를 저었다. 개발 조건이 까다로울 뿐만 아니라 생산비용도 만만치 않은 닌텐도와의 계약이 반가울 리 없었다.

우에무라는 대형전자회사인 리코Ricoh를 찾아간다. 그는 자신이 직접 작성한 회로 설계도를 보여주며, 닌텐도가 필요한 칩은 개당

2,000엔이 넘으면 안 된다고 못을 박는다. 닌텐도의 제안은 반도체 분야에 진출하려던 그들에게 귀가 솔깃할 만한 내용이었지만 막대한 손해를 감수할 정도는 아니었다.

리코가 난색을 보인다는 우에무라의 보고를 들은 야마우치는 아주 간단하게 이 문제를 해결해버린다. "리코에 2년 동안 300만 개의 반도체 칩을 주문할 것이다"라는 말 한마디로 난항을 거듭하던 아웃소싱 문제를 일거에 해결해버린 것이다. 당시 일본 게임기 회사들의 연간 판매대수는 기껏해야 2만~3만 대 수준이었다. 그런 상황에서 반도체 칩을 300만 개나 주문하다니 누가 봐도 이해할 수 없는 결정이었다. 우에무라는 믿기지 않는 야마우치의 말을 리코에 그대로 전하고 반도체 칩 생산과 공급에 관한 계약을 체결한다.

'패미콤Famicom' 이란 이름을 달고 시장에 출시된 게임기는 연간 300만 개의 반도체 칩을 감당할 수 있을까 하는 우려를 비웃듯 출시된 지 두 달 만에 50만 대나 판매되었다.

어떤 일을 하더라도 걸림돌은 있기 마련이다. 그러나 걸림돌은 치우라고 있는 것이지, 걸려 넘어지라고 놓여 있는 것이 아니다. 야마우치는 과감한 결단력으로 장애물을 돌파한다. 모든 위험요소를 다 고려해야 한다는 명분 아래 시간을 질질 끌기보다 목표를 향해 매진한 것이다. 야마우치의 카리스마는 직관과 과감한 결단으로 표출되었고 시장을 완전히 지배하기 위한 거침없는 행보 앞에서 좌고우면左顧右眄할 겨를이 없었던 것이다.

정글에서 살아남기 위한 최선의 선택은 '진화'다. 환경에 적응하고 또 스스로 살아남기 위해 진화를 해야만 미래를 보장받을 수 있다. 움츠리고 주저앉아 이것저것 생각하기엔 냉혹하기 그지없고, 순식간에 변하는 것이 기업환경이다. 본질을 꿰뚫어볼 수 있는 혜안과 과감한 결단력이야말로 앞이 보이지 않는 밀림을 헤쳐나가는, 진화하는 리더의 필수 덕목이다.

게임은 무조건 쉽고, 재미있으며 저렴해야 한다
: 현상이 아니라 본질을 꿰뚫어보다

게임 왕국인 닌텐도의 수장 야마우치는 실상 게임을 좋아하지 않을 뿐더러 평생 비디오 게임을 해본 적도 없다고 한다. 와세다 대학의 법학과 출신이었던 그가 엔지니어의 안목을 갖출 리도 만무했다. 하지만 닌텐도의 영광은 그의 머리에서 시작되었다. 오로지 자신의 직관만으로 시장을 판단하고 제품의 방향을 결정하였던 그는 제품 자체의 메커니즘보다 시장의 본질을 파악할 줄 알았다.

애플 신화의 주역인 스티브 잡스는 "뭔가를 제대로 설계하기 위해서는 확실히 이해해야 한다. 본질을 제대로 파악할 줄 알아야 한다는 것이다. 대충 생각하는 것이 아니라 심사숙고해야 한다. 사람들은 대부분 이런 일에 그다지 공을 들이지 않는다. 창의성은 본질적인 여러 가지를 연결하는 것이다"라고 했다. 스티브 잡스가 먼저 대상의 본질을 파악하고 여러 가지를 연결하는 것이 창의성이라고 한 것처럼, 야마우치도 전자계산기의 휴대성과 게임의 요소를 본질적으로 파악해서 제품으로 내놓았다. 본질을 꿰뚫어볼 줄 알았던 그는 늘 새롭고 창의적인 제품을 선보였고, 이는 닌텐도와 게임 산업의 '진화'로 이어졌다.

고객이 어떤 게임을 원하는지, 게이머들이 빠져들 수밖에 없는 재미란 무엇인지를 정확하게 짚어내는 그의 능력은 엔지니어의 능력과는 무관했다. 또 그는 저렴하면서도 좋은 품질을 갖춘 게임기라면 사람들은 당연히 살 것이란 지극히 당연한 공식을 충실히 지켰다.

남들보다 한 박자 빠르게 미래를 예측했던 야마우치는 자신이 예상한 게임 트렌드에 대한 확신이 들면 곧장 실행으로 옮겼다. 자기 판단을 주저함 없이 밀고 나간 그는 개발자들의 영역 역시 최대한 존중했다. 자신이 그린 그림대로 제품이 나올 때까지는 절대 개발자들을 방해하거나 재촉하지 않았다. 대부분의 회사들이 시장 조사와 소비자 분석, 매출 분석 등에 매몰되어 개발자들을 압박하지만 닌텐도에서는 절대 그런 일이 용납되지 않았다.

"시장조사? 그딴 것을 왜 하나? 닌텐도는 시장을 창조할 뿐이다. 조사 따위는 필요 없다."

야마우치는 개발자들에게 창조의 힘과 자유를 부여했다. 자신을 제외한 그 누구도 개발자의 일에 관여할 수 없었다. 모델이나 기업 없이 사실상 독주하는 입장에서 야마우치와 닌텐도는 끊임없이 '창조'와 '진화'의 길을 걸을 수밖에 없었다. 닌텐도는 시장을 따라가는 것이 아니라 창조하고 있었다.

세계 최초의 휴대용 게임기인 게임&워치의 성공과 패미콤의 등장은 '슈퍼마리오'와 '젤다의 전설'이란 기념비적인 게임 타이틀이 나올 수 있는 기반이 되었다. 그리고 그들의 신화는 과거의 이야기가 아니라 현재진행형으로 동시대의 주목을 받는다.

야마우치의 별동대인 연구개발부는 현재 시장에서 인기 있는 제품을 만든다는 생각은 하지도 않았다. 그것은 새롭다거나 창의적인 것과 거리가 멀었기 때문이다. 닌텐도 영업팀이야 당장 고객들이 찾는 인기제품을 판매하는 데 모든 노력을 기울여야겠지만 개발자들은 고객이 아니라 야마우치가 관심을 끌 만한 제품을 만들어야 했다. 그것은 지금까지 존재하지 않았던 전혀 새로운 게임이어야 했다.

감히 넘보지 못할 카리스마로 개발자들을 휘어잡고 있던 야마우치. 개발자들은 그의 반응에 따라 웃고 울었다. 연구 중인 제품에 대해 긍정의 신호를 받으면 한동안 즐겁게 일할 수 있는 반면, 야마우치가 고개를 갸웃거리거나 미간을 찌푸리는 날에는 수개월 동안 고생했던 프로젝트가 한순간에 물거품이 되어버렸다. 강도 높은 업무와 야마우치의 과도한 기대감으로 닌텐도를 떠나려는 사람도 있었다. 이런 사람에게 야마우치는 "회사는 계속 수익을 올리고 있으니 아무 걱정 말고 푹 쉬었다가 다시 복귀하라"고 말하며 유급휴가를 주기도 했다. 야마우치는 개발자들을 몰아붙이며 신제품 개발에 매진하게 했지만 누구보다 그들을 아꼈다. 결국 그들이 야마우치의 밑그림과 야망을 실현시켜줄 주역들이었기 때문이었다.

야마우치는 철저히 '선택과 집중'을 통해 게임 사업을 추진했다. 안정성을 유지한다는 명분으로 유행에 뒤처지는 게임을 여러 개 생산하는 것은 지양했다. 그보다 자신의 판단에 따라 성공할 게임 한두 개를 선택해서 모든 역량을 집중하도록 했다. 이렇게 개발된 제품은 "저렴하고, 성능이 뛰어나며, 조작이 간편한" 닌텐도의 공식을 철저히 따랐다. 많은 사람이 각자의 집에서 닌텐도 게임기를 가지고 게임을 즐기기 바랐던 야마우치는 개발자들이 닌텐도의 공식을 엄격하게 지키도록 했다. 웬만한 기능은 탑재하되 너무 고사양이거나 생산단가가 높은 것은 용납하지 않았다. 생산단가가 높아지면 소비자들이 지갑 열기를 주저하게 된다는 것이다. 이것은 비단 오일쇼크의 교훈 때문만은 아니었다.

야마우치는 개발자 출신이 아니다. 궁극의 기술 구현 따위는 관심도 없었다. 그저 기발하고 저렴한 제품이어야 사람들이 살 것이란 생각으로 개발지침을 제시한 것이다. 그는 게임을 즐기는 데 복잡한 키보드 사용은 필요 없을 뿐만 아니라, 제품을 개발할 때 거추장스러운 것은 과감하게 떼어내라고 지시했다.

대용량을 저장할 수 있는 디스크 드라이버도 그에겐 불필요한 장치였을뿐더러 괜히 제품단가만 높이는 장치로 보였다. 닌텐도의 게임기는 디스크가 아닌 카트리지를 꽂기만 하면 구동될 수 있도록 했다. 이렇게 만들어진 게임기는 100달러 정도의 가격으로 판매되었다. 경쟁사들이 너도나도 고사양과 하드웨어의 업그레이드로 비싼 가격을 부를 때 절반에 가까운 가격의 제품을 출시한 것이다.

"게임의 대용량화는 안 된다. 그러면 세계적인 개발사들이 사라져 버린다"고 했던 그의 말은 결국 게임시장의 미래와 정확히 맞아떨어졌다. 게임은 갈수록 화려한 그래픽과 복잡한 내용을 보여주기 시작했다. 이것은 마약과도 같았다. 게이머들은 점점 '더 나은' 것을 요구하기 시작했고, 이 진흙탕에 한번 빠진 업체들은 '치킨게임'의 구렁텅이에서 헤어나지 못했다. 죽거나 살거나 둘 중 하나였다. 새로운 게임기나 게임을 개발하는 비용은 눈덩이처럼 불어나 결국 대형 회사들조차 합병이나 구조조정을 단행하게 되었다.

'게임의 신' 미야모토, 닌텐도에 입성하다
: 새로운 것을 디자인하는 것, 그게 바로 창조이다

야마우치는 독재자에 가까운 면모를 보였다. 개발자들은 그의 의견에 혹시 반대 의사가 있더라도 그가 상상한 제품을 현실에서 만들어내야 했다. 이런 야마우치였지만 그는 개발자들을 단지 엔지니어로만 보지 않았다. 닌텐도에서 비디오 게임을 만드는 개발자들을 예술가로 봤던 것이다. 뭔가 새로운 것을 만들어내는 일을 예술의 영역으로 봤기 때문일까. 야마우치는 평범한 사람들의 노력만으로는 뛰어난 게임을 만들 수 없다고 생각했다.

"이 세상에서 일부의 사람만이 모두가 원하는 게임을 만들 수 있다. 즉, 극소수의 천재들이야말로 닌텐도가 바라는 인재라고 할 수 있다."

그는 세상에서 가장 뛰어나고 창의적인 개발자나 디자이너들이 일하고 싶은 단 하나의 장소가 닌텐도이기를 진심으로 바랐다. 그래서인지 인재에 대한 그의 욕심은 끝이 없었다. 이미 요코이와 우에무라를 비롯한 게임 대가들이 포진한 가운데 그는 또 인재를 영입한다. 물론 이 사람은 제 발로 야마우치를 찾아왔지만 그의 진면목을 알아본 야마우치는 바로 채용을 결심한다. 그리고 이를 계기로 닌텐도의 개발자들은 엔지니어가 아니라 예술가로서의 자부심을 가지게 된다.

훗날 '게임의 신'으로까지 불리는 미야모토 시게루. 1970년에 가나자와 시립대학의 산업미술공예학과에 입학한 그는 졸업까지 5년이나 걸릴 정도로 전공 공부보다는 다른 것에 관심이 많았다. 그는 스케치를 하거나 음악 듣기를 더 좋아했고 독학으로 기타를 배워 밴드 활동도 한, 말 그대로 괴짜였다. 늘 그의 주변에는 예술과 음악을 하는 친구들이 많았고, 보통 사람들처럼 대학을 졸업하여 일반 기업에 취직하는 것에 별 흥미를 못 느꼈다. 그런 그가 어느 날 자신의 아버지와 친분이 있던 야마우치의 닌텐도를 떠올린다. 닌텐도는 고리타분한 일반 직장과는 다를 것이란 생각도 있었지만, 무엇보다 자신이 좋아하는 게임을 만든 회사였기 때문에 그곳에서 일하고 싶다고 생각한 것이다.

미야모토는 아버지에게 야마우치와 만나게 해달라고 도움을 청하고 그의 아버지는 야마우치를 찾아가 아들을 만나달라고 부탁한다. 야마우치는 미술을 전공한 미야모토가 닌텐도에 적합하지 않다고 생각하지만 일단 만나보기로 한다.

드디어 게임의 신과 게임왕국의 절대자는 첫 만남을 가진다. 별다른 의미를 부여하지 않은 만남이었지만 야마우치는 호기심 가득한 이 청년에게 특별한 무언가가 있음을 간파하고 느닷없는 제안을 한다. '뭔가 재미있는 장난감 아이디어'를 가지고 다시 오라고 말이다. 엉뚱한 발상을 하는 것에는 누구에게도 뒤지지 않던 미야모토는 아동용 옷걸이 디자인을 들고 야마우치를 다시 찾아온다. 늘 그렇듯 야마우치는 특유의 직관으로 미야모토의 숨어 있는 재능을 알아보았다. 견습사원으로 발령받은 미야모토는 닌텐도 최초의 예술가 출신 직원이 되었고, 그로 인하여 게임의 세계는 새로운 지평을 열게 된다.

1980년이 되자 야마우치는 미야모토를 불러 비디오 게임에 대한 자신의 생각을 이야기한다. 원래 비디오 게임 마니아였던 미야모토는 기존의 슈팅이나 스포츠 게임은 사실 흥미를 오래 끌 수가 없다는 자신의 의견을 피력했다. 그러면서 야마우치에게 왜 게임에 '스토리'가 없냐고 되묻는다. 스토리가 있어야 재미를 더 느끼고 오랫동안 게임을 즐길 수 있다는 미야모토의 말에 야마우치는 귀가 솔깃해진다.

야마우치는 미야모토에게 한 가지 과제를 던져준다. 당시 닌텐도의 '레이더 스코프'라는, 동전을 넣고 하는 게임기가 시장에서 죽을 쑤고 있는 상황이었다. 게다가 이를 대체할 만한 이렇다 할 후속작도 없었다. 야마우치는 그동안 닌텐도에서 이야기하던 '재미'와는 다른, 미야모토의 '스토리가 있는 게임'에 흥미를 느꼈다. 야마우치는 미야모토의 생각이 앞으로 게임 업계의 지각변동을 일으킬 것임을 직감적으로 깨닫고, 일단 '레이더 스코프'의 개조를 지시한다.

미야모토는 설계도를 들여다보고 고개를 가로저었다. '레이더 스코프'는 너무나 단순하고 평범했던 것이다. 미야모토는 게임의 본질이 '재미'란 것을 다시 환기시키며 기존의 것들과 다른 스토리와 캐릭터를 만들기로 결심한다.

미야모토가 제일 먼저 떠올린 것은 〈미녀와 야수〉의 줄거리였다. 이를 단순하게 만들어서 '주인공과 악당, 납치된 소녀를 구하러 가는'이란 기본 줄거리를 완성했다. 그래서 나온 캐릭터가 킹콩을 닮은 고릴라였다. 그다지 무섭게 생기지도 않았고 폭력적이지 않은 고릴라에 맞서는 주인공은 슈퍼 히어로가 아닌 평범한 목수의 캐릭터였다. 때론 멍청한 모습을 보여주고 실수를 잘하는 주인공은 현실의 평범한 게이머들에게 동질감을 주기에 충분했다.

가로 세로 각각 16개의 점으로 만든 주먹코에 콧수염이 달린 주인공과 고릴라의 싸움에 빼놓을 수 없는 것은 배경음악이었다. 음악에 일가견이 있었던 미야모토는 직접 게임 음악을 만들어 삽입한다. 단순한 기계음이 아닌 극적인 상황을 연출할 수 있는 배경음악은 게임이 멀티미디어 산업의 영역임을 알리는 것이기도 했다. 이렇게 탄생한 게임이 바로 '동키 콩 Donkey Kong'이다.

기존 닌텐도 개발자들은 이 게임을 탐탁지 않게 생각했다고 한다. 게임을 만들어가는 방식부터 지금까지의 닌텐도와는 많이 달랐기 때문이다. 예전에는 하나의 게임을 개발할 때 개발자 한 명이 모든 과정을 홀로 진행했는데 미야모토는 개발자가 아니라 기획자에 가까웠다. 그는 이런저런 기획과 업무 지시 등 전체 프로젝트를 진행하는 일종의 프로젝트 매니지먼트 역할을 했고, 개발자들은 이런 방식을 받아들이기 어려웠던 것이다. 게다가 '동키 콩'은 기존 게임방식과 확연히 달랐다. 하지만 야마우치의 강력한 후원으로 게임은 출시된다. 킹콩과 고집 센 당나귀를 조합한 이름의 이 게임은 말 그대로 공전의 히트를 친다. 1981년에 출시된 이 엄청난 성공작과 후속작의 연이은 성공으로 미야모토는 '게임의 신'이란 칭호까지 얻게 된다.

미야모토는 게임을 만드는 사람의 전형적인 모습을 여실히 보여준다. 명예나 성공이란 화려한 훈장보다는 게임을 만드는 창조적인 역할에 만족했다. 임원이 되기를 의도적으로 거부하며 게임제작 현장에 있기 위해서 일부러 현장 부서의 직책을 고집하며 버텼다. 물론 누가 봐도 그동안 그가 만들어낸 신화와는 어울리지 않는 직책이었다.

또한 그는 게임을 디자인하는 것이 또 하나의 예술임을 증명해 보였다. 아니, 게임의 영역을 넘어서 기존과 다른 새로운 것을 창조하는 것 자체가 예술이란 것을 보여주었다. 새로운 것을 만들어낸다는 것은 기존의 관습과 틀에 갇혀서는 불가능한 일이다. 구속받지 않는 사람이야말로 예술과 창조를 이룰 수 있다. 야마우치와 닌텐도는 미야모토의 합류로 어느덧 굳어져버린 사고와 행동의 쇠사슬을 깨트린다. 이제 닌텐도의 거침없는 성장은 규모의 성장 못지않게 내적인 진화 역시 가속도가 붙게 된다.

슈퍼마리오, 게임의 역사를 다시 쓰다
: 킬러 콘텐츠를 개발하라

동키 콩의 대박은 야마우치와 닌텐도로 하여금 게임의 새로운 지형을 열게 하였다. 그러나 닌텐도는 여기서 만족하지 않았다. 1984년 야마우치는 미야모토에게 패미콤으로 할 수 있는 게임 개발을 지시한다.

새로 만든 또 하나의 연구개발부 리더가 된 미야모토는 지금까지의 게임과는 전혀 다른 것을 만들어내라는 야마우치의 지시로 '동키 콩'의 신화를 다시 쓰듯 모든 상상력을 동원한다. 미야모토는 자신이 만들어낸 동키 콩의 목수, 즉 '점프맨'을 떠올리며 멜빵바지에 덥수룩한 수염을 기른 어수룩한 주인공에 또 다른 생명력을 불어 넣기로 결심한다.

동키 콩의 점프맨은 새로운 직업과 이름을 얻는다. 원래 목수였던 점프맨은 배관공이 되었고 이름은 '마리오'가 되었다. 작고 땅딸막한 마리오는 그의 형제 '루이지'와 함께 '슈퍼마리오 브라더스'가 되어 작은 비디오 게임기 화면에서 뛰어다니며 전 세계에 알려지게 된다.

미야모토는 '슈퍼마리오 브라더스'가 배관공으로 설정된 이유를 다음과 같이 이야기한 적이 있다.

"어릴 적 교토의 어느 아파트에 살았을 때였죠. 근처의 한 건물 담장에 특이하게 생긴 작은 맨홀 뚜껑이 있었는데, 나는 매일 그곳을 지나다녔기 때문에 그 맨홀 뚜껑을 자주 볼 수가 있었습니다. 어느 날, 그 맨홀을 보다가 문득 맨홀을 열고 들어가면 어디로 통할지가 궁금해졌습니다."

호기심이 위대한 발명품을 낳는 법, 미야모토의 어릴 적 호기심이 슈퍼마리오를 탄생시켰던 것이다. 배관공 형제가 장애물이자, 비밀의 세계로 통하는 초록색 대형 하수관을 넘나들며 각 단계를 통과하는 이 게임은 야마우치를 한눈에 사로잡았다.

미야모토가 슈퍼마리오 개발을 끝내고 난 뒤에 경영진들 앞에서 게임에 대해 설명한 지 10분 만에 야마우치는 자리에서 벌떡 일어났다. "이 게임은 무조건 돼!"라며 더 이상 들을 것도 없다는 듯 회의실 밖으로 나가버렸다. 사내에서 '대장'이라 불리던 야마우치의 한마디에 게임은 급물살을 타고 출시 준비에 들어간다.

미야모토는 비디오 게임은 시각적인 재미뿐만 아니라 듣는 재미도 있어야 한다는 생각에 콘도 코지라는 전문 작곡가에게 배경음악을 맡겼다. 마리오 형제가 점프할 때마다 나오는 소리와 경쾌한 배경음악은 그 자체가 게이머들의 귀를 사로잡았다. 급기야 닌텐도는 슈퍼마리오의 배경음악을 음반으로까지 판매하였다. 뿐만 아니라 도쿄 교향악단이 연주하고 자메이카의 레게 가수 샤인 헤드가 랩으로 부를 정도로 커다란 인기를 얻었다.

'게임의 신' 미야모토는 슈퍼마리오를 탄생시킨 덕분에 세계에서 가장 성공한 게임 디자이너로서의 위상을 가지게 되었다. 또 슈퍼마리오는 전 세계에서 가장 많이 팔린 게임으로 기네스북에 오를 정도로 대성공을 거두었다. 슈퍼마리오는 비단 아이들뿐 아니라 어

'게임의 신' 미야모토 시게루

른들 마음까지도 사로잡을 정도로 인기가 높았다. 게임의 창조자인 미야모토를 만나기 위해 전 세계 게이머들은 교토의 닌텐도를 마치 성지순례를 하듯 찾아왔다. 이 대열에 끼고 싶었던 사람 중에는 비틀즈의 폴 매카트니도 포함된다. 그는 일본을 방문한다면 그 유명한 후지산보다 미야모토를 만나고 싶다는 말을 했을 정도였다.

슈퍼마리오는 1985년에 출시되어 지금까지 진화를 거듭하며 닌텐도의 킬러 콘텐츠가 되었다. 패미콤에서부터 닌텐도위까지, 어수룩한 마리오 형제가 매끈한 디자인과 3D 입체영상으로 변화하면서 전 세계의 게이머들에게 꾸준한 사랑을 받았다. 나중에 닌텐도가 슬럼프에 빠져 허우적거릴 때도 닌텐도위와 함께 명가재건의 막중한 임무를 맡

은 것은 슈퍼마리오였고, 그는 그 임무를 훌륭히 수행한다.

"재미있는 게임이 콘솔게임 판매를 견인한다"는 야마우치의 전략은 적중했다. 슈퍼마리오의 신화는 게임의 역사에서만 존재한 것이 아니라 비즈니스의 역사에서 뚜렷한 족적을 남겼다.

증기기관의 등장으로 산업혁명이 일어나고 기계화 문명으로 바뀐 것처럼 현대 사회에서도 MP3플레이어나 디지털카메라의 등장은 시장이나 해당 산업과 세상을 바꾸어놓을 만한 '킬러' 역할을 수행했다. 기존의 CD 중심 음반시장이 죽고 시장 권력이 소비자에게 돌아가게 한 MP3플레이어와, 필름 산업을 완전히 붕괴시킨 디지털카메라의 위력은 상품의 영역을 넘어선 문화적 변혁까지 이끌어냈다. 슈퍼마리오의 등장 또한 이와 마찬가지로 게임 산업과 엔터테인먼트 산업의 분수령이 되었다. 이제는 게임기를 샀기 때문에 게임 소프트웨어를 구입하는 것이 아니라, 슈퍼마리오를 하고 싶어서 게임기를 사야 하는 현상까지 벌어졌다.

기업이라면 당연히 킬러 콘텐츠나 킬러 어플리케이션을 갈망한다. 그것을 만들어내지 못하면 안정적인 수익원은커녕 경쟁업체와의 차별을 이룰 수 없어 도태될 수밖에 없다. 남들이 하는 것을 흉내 내며 복제에 가까운 아류작이나 만들어서는 기업이나 개인의 미래를 보장할 수 없다.

'아타리 쇼크'의 교훈
: 재미와 흥미가 없으면 죽는다

우리가 즐겨 하는 게임은 단순한 슈팅이나 레이싱에서 벗어나 '스토리'가 결합되면서 멀티미디어의 영역으로 들어섰다. 이야기가 있고, 그 이야기에 몰입하면서 게이머는 캐릭터에게 동질감을 느낀다. 이런 게임은 나중에 영화로 만들어지거나 혹은 반대로, 히트한 영화의 소재가 게임으로 활용되기도 한다. 이처럼 오락산업의 영역은 그 경계가 무너져버렸다. 슈퍼마리오만 하더라도 1993년에 영화로 제작되었다. 게임의 환상적인 그래픽과 배경세계는 영화의 CG 기술로 다시 태어나고, SF 영화의 비현실적인 캐릭터나 사물은 게임에서 게이머가 직접 체험할 수 있도록 만들어진다. 한마디로 사람들이 재미를 느낄 수 있다면 그 출발이 게임이든 영화든 간에 새로운 모습으로 발전할 수 있는 것이다.

게임의 본질은 '재미'다. 아무리 그래픽이 훌륭하고 최첨단 기술로 무장했더라도 재미가 없으면 아무 소용이 없다. 할리우드에서 매년 수많은 블록버스터를 만들어 내놓아도 모든 작품이 흥행에 성공하는 것은 아니다. 재미가 없다면, 아무리 유명한 톱스타가 나오고 막대한 돈을 들여 만든 영화라 하더라도 흥행에 실패할 수밖에 없다.

게임도 이 법칙에서 자유로울 수는 없다. 지극히 평범한 이 진리를 무시하고 게임을 만들다 한순간에 무너진 경우가 있었으니 말이다. 더군다나 한 업체의 파산이 아니라 게임 산업 전체가 휘청거릴 정도였다. '아타리 쇼크'라 불리는 1980년대 사태는 게임 산업의 핵심 공식인 재미에 대해 다시 생각하게 한다.

일본 바둑의 '아다리'란 말에서 따온 미국의 게임 회사 아타리는 가정용 TV 게임기를 처음으로 만든 선구자였다. TV에 비디오 게임기를 연결하여 게임을 즐길 수 있도록 한 아타리 제품은 크리스마스 시즌만 되면 아이들의 희망 선물 1순위로 많은 판매를 올리곤 했다. 애플의 스티브 잡스도 한때 몸담았던 아타리는 미국을 비롯한 전 세계를 대상으로 게임 사업을 했으며, 일본에서도 큰 인기를 끌었다.

TV 비디오 게임기의 성공에 고무된 아타리는 게임 소프트웨어 개발에 심혈을 기울이기 시작한다. 1980년대 초반 최고의 영화였던 스티븐 스필버그의 〈ET〉는 아타리의 흥미를 끌기에 충분했다. 외계인, 우주, 우정, 감동 등의 키워드와 스토리는 영화가 흥행한 만큼 게임으로도 손색이 없으리란 판단에 영화사에 수천만 달러를 로열티로 지급하고 판권을 사들인다.

그러나 너무 무리한 로열티를 지급했던 게 화근이었다. 배보다 배꼽이 더 큰 꼴이 되어버려 실제 게임 제작에 들어갈 비용이 부족했던 것이다. 결국 게임 제작비를 최소화해야 했던 아타리는 〈ET〉라는 최고의 소재를 최악의 게임으로 만들어낸다.

게임의 완성도가 낮았는데도 아타리는 〈ET〉의 유명세에 기대어 대량으로 게임을 출시한다. 막대한 투자비용의 회수와 더불어 큰 수익을 기대했지만 결과는 대실패였다. 게임 'ET'가 시장에 나오자 먼저 구매하여 게임을 해본 사람들이 재미없는 게임이라고 혹평한 것이다. 시장과 소비자들에게 외면받은 'ET'로 인해 아타리는 당황한다. 게다가 한 번의 실수에서 교훈을 얻지 못하고 또 한 번의 패착을 둔다. '장고 끝에 악수'라는 말처럼 그들이 손해를 만회하기 위해 고민한 끝에 내놓은 결과는 '빨리, 그리고 제작비가 덜 들어가는 질이 떨어지는 게임'을 마구 만들어내는 것이었다. 그러나 그 결정으로 더 큰 재앙이 시작된다. 아타리의 어리석은 결정은 스스로를 파멸의 구렁텅이로 밀어 넣었고, 심지어 게임 산업의 근간을 뒤흔들어버렸다.

아타리의 질 낮은 게임을 지켜본 다른 게임 업체들도 기다렸다는 듯 우후죽순처럼 형편없는 게임들을 시장에 내놓았다. 무작정 많이 만들어 그중 하나라도 많이 팔리길 기대하는 로또당첨의 심리와 다를 바가 없었다. 이렇게 재미도 없고 수준도 형편없는 게임이 시장에 넘쳐나자 소비자들은 게임 불매 운동까지 벌인다. 급기야는 게임 시장의 붕괴를 목전에 두게 되었고, 아타리는 몰락의 길을 걷게 된다.

30억 달러의 시장을 예측하고 출시한 'ET'의 실패로 비디오 게임 시장은 1억 달러로 축소되고 만다. 그래서 명명된 '아타리 쇼크'는 게임 산업의 절대 공식과 소비자들에 대한 생각을 다시금 진지하게 하는 계기가 되었다.

아무리 훌륭한 하드웨어나 막대한 비용의 마케팅이 이루어지더라도 게임 자체가 재미없으면 소비자들은 금방 고개를 돌리고 외면한다. 닌텐도 역시 '아타리 쇼크'를 지켜보면서 중요한 교훈을 얻는다. 어찌 보면 그 교훈은 닌텐도가 그동안 일관되게 주장해온 입장과 다르지 않았다. 야마우치는 재미도 없고 조악한 게임이 닌텐도와 그 어떤 연결고리도 생기지 않도록 강력한 조치를 취한다.

"결국 사람들은 쉽게 질리고 만다. 처음엔 신기함과 호기심으로 게임에 몰리지만 게이머들은 금방 싫증을 낸다. 아무리 뛰어난 하드웨어를 가지고 많은 게임을 즐길 수 있다 하더라도 매력이 없으면 소용이 없다."

야마우치는 질 높은 게임이 없다면 게임기는 무용지물이란 생각에 닌텐도 외에 패미콤의 게임 소프트웨어를 개발하는 업체, 즉 서드파티와 라이선스 계약을 맺는다. 닌텐도의 게임기에 장착될 소프트웨어는 닌텐도의 허가를 받아야지만 개발할 수 있도록 한 것이다.

닌텐도의 계약조건은 까다롭기 그지없었다. "서드파티 업체들은 질 낮은 제품이 범람하는 것을 막고 닌텐도의 브랜드 가치를 유지할 수 있도록 한다"는 닌텐도의 방침에 따라야 했다. 닌텐도는 계약서에 우선, 서드파티가 개발할 게임의 내용에 대해 닌텐도의 사전 심사를 받아야 한다고 명시했다. 그리고 소프트웨어의 제작 편수는 상호 협의를 거쳐 연간 5개를 넘지 않는다는 것과 소프트웨어 생산은 닌텐도가 하며, 제작비는 선불하라고 요구하였다. 이 계약조건은 게임 소프트웨어의 통제권을 철저히 틀어쥐겠다는 의지를 분명하게 보였을 뿐만 아니라 닌텐도의 또 다른 수익원을 창출하는 계기가 되었다. 소프트웨어의 개발은 서드파티가 하더라도 실제 생산은 닌텐도의 생산 라인을 통해 할 수 있도록 한 조치는 막대한 수익을 올릴 수 있는 '캐쉬 카우Cash Cow'를 닌텐도에게 안겨주었다. 패미콤에 사용할 수 있는 게임 소프트웨어의 질을 떨어뜨리지 않는다는 애초의 취지도 충족시켜주었다.

닌텐도의 라이선스 전략은 많은 논란을 일으켰다. "게임 산업의 독점적 지위를 남용하는 것이다", "중소 개발 업체의 숨통을 죄어 닌텐도 왕국의 그늘에 묶어두려는 것이다" 등 많은 비판을 들어야만 했다. 그러나 다윈의 진화론에 나오는 적자생존의 법칙을 두고 생각해보면 닌텐도의 조치를 마냥 비난할 수만은 없다.

아타리는 라이선스 계약을 하지 않았기 때문에 아무 업체나 그들의 비디오 게임기에 장착되는 게임 소프트웨어를 만들 수 있었다. 그 결과 질 낮은 게임이 시장에 유통되는 것을 막을 수도 없었을 뿐 아니라 아타리 스스로가 질 낮은 게임을 쏟아낸 장본인이기도 했다. 앞서 말했듯 그 결과는 참혹했다. 공룡의 종말처럼 한순간에 아타리와 게임 산업은 무너져버렸다. 닌텐도로서는 그들을 보며 냉혹한 현실

앞에서 살아남는 길을 찾은 것이다.

닌텐도의 조치로 게임 소프트웨어 업체는 베스트셀러를 만들어내야만 실제 게임의 출시와 수익을 얻을 수 있었다. 이때 참가한 서드 파티는 허드슨, 남코, 코나미, 캡콤, 잘레코 등 6개 업체였다. 허드슨의 '로드 런너Lode Runner'는 140만 개를 팔았고, 남코는 '제비우스 Xevious'를 150만 개나 파는 등 공전의 히트를 기록했다.

'윈윈Win-Win' 관계란 "좋은 게 좋은 것이다"는 식의 원칙 없는 우호관계를 말하는 것이 아니다. 살아남기 위한, 성공하기 위한 '윈윈'은 냉정하게 각자의 역할과 목표를 규정해야 한다. 그리고 그 목표를 달성하기 위해 매진하는 것이 성공의 비법이다. 웃으며 미리 샴페인을 나눠 마시는 일 따위는 허세에 불과하다. 냉정한 판단과 미래의 예측, 명확한 역할 분담이 결국 서로의 장밋빛 미래를 보장한다.

세계인을 즐겁게 한 게임기

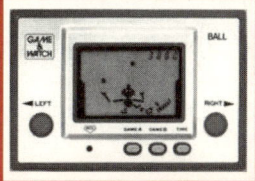
게임&워치

요코이 군페이는 휴대용 전자계산기를 보면서 휴대용 게임기의 아이디어를 얻는다. 그리고 샤프전자와 협력을 체결하여 휴대용 게임기를 개발한다. '세상에서 가장 작은 컴퓨터 게임기'란 수식어를 달고 나온 이 게임기는 알람 기능이 있는 시계가 있어 실용성까지 갖추고 있었다. 당시 이 게임기는 다른 나라에서 제품이 불법으로 복제되어 시장에서 은밀히 거래될 정도로 인기였다.

패미콤

우에무라팀이 개발한 가정용 게임기인 패미콤은 패밀리 컴퓨터의 약자로 8비트 CPU를 채용한 가정용 게임이기다. 저렴하고 성능이 뛰어날 뿐만 아니라 '뽀빠이'와 '동키 콩' '슈퍼마리오 브라더스' 등의 게임이 가능하여 전 세계적으로 대히트했다. 방향 조절 버튼과 A·B 버튼, 시작, 선택 버튼을 갖추었으며, 이후 가정용 게임기의 표준적인 형태가 된다.

슈퍼마리오

슈퍼마리오는 미야모토가 개발한 게임의 주인공으로, 1985년 발매된 이후로 다양한 버전이 개발된다. 슈퍼마리오 브라더스는 역사상 가장 많이 팔린 게임으로 마리오는 미키 마우스보다 더 유명한, 비디오게임을 대표하는 아이콘이 되었다. 두드러진 팔과 코, 콧수염을 가진 밝고 경쾌한 배관공 마리오가 하수도 안에서 다양한 모험을 펼치는 액션 게임이다.

아타리

가정용 게임기인 아타리 2600은 마이크로프로세서와 카트리지 방식을 사용하였다. 2개의 조이스틱, 패들 컨트롤러와 함께 컴뱃 게임 카트리지를 번들로 주었다. 1979년 아타리 2600은 100만대가 팔려 크리스마스 선물의 베스트셀러가 되었다.

4장

진화는 보이지
않는 곳에서 이루어진다

코스타리카의 치타는 영양을 잡기 위해

빨리 달려야 한다. 그리고 영양은 잡아먹히지

않기 위해 더 빨리 뛰어야 한다.

이처럼 포식자와 피포식자가 경쟁하며

서로 동시에 더 빨라지려고 하는 현상을

'공진화' 라고 한다.

기업은 스스로 끊임없는 개선과

혁신을 통해 발전해나간다.

그러나 경쟁 기업 역시

개선과 혁신의 고삐를 늦추지 않고

혁신기법도 계속 진화발전하고 있다.

NinTenDo

생존을 위협하는 경쟁자의 출현
: 블루오션은 없고 공진화만 있다

루이스 캐럴Lewis Carroll의 《거울 나라의 앨리스》를 보면 카드의 여왕 (레드 퀸Red Queen)이 엘리스의 손을 잡고 숲속을 빠져나가기 위해 열심히 뛰지만 엘리스는 뭔가 이상함을 느낀다. 아무리 뛰어도 계속 제자리에 머물고 있는 것 같아서 여왕에게 묻는다.

"이렇게 열심히 뛰고 있는데 계속 제자리에 머물고 있는 것 같아요. 왜 그렇죠?"

"네가 앞으로 나가고 싶다면 지금보다 두 배는 더 열심히 뛰어야 돼."

가만히 보니 엘리스와 여왕의 주위 풍경도 함께 앞으로 나가고 있었다. 그러니 뛰고 또 뛰어도 늘 제자리였던 것이다.

러닝머신 위를 달려본 기억을 떠올려보라. 아무리 열심히 뛴다 해도 러닝머신의 벨트 역시 계속 돌아가고 있기 때문에 앞으로 나아가지 않는다. 나는 열심히 뛰지만 주변의 모든 것도 함께 뛴다면 결국 제자리인 것이다. 즉 나만 변화하고 발전하는 것이 아니라 다같이 변화하고 발전하다 보니 결국 모두 제자리인 셈이다. 이를 '레드 퀸 효과Red Queen Effect'라고 하는데 이런 효과를 생물학에서는 포식자와 피포식자가 서로 경쟁적으로 진화하는 관계를 다룬 다윈의 '공진화'로 설명한다.

기업에도 이런 공진화 현상이 있다. 기업을 하나의 생태계로 본다면 서로가 유기적인 관계를 맺고 있다고 볼 수 있다. 마치 씨줄과 날줄로 이어진 것인 양 촘촘히 맺어진 기업 생태계는 공생공멸共生共滅의 관계다. 이 말은 비즈니스 관계로 묶인 기업들이 서로 공존하며 경쟁과 협력을 하는 공동운명체라는 뜻이다. 기업들은 생태계라는 공동운명체의 울타리 안에서 '공진화'를 추구하며 함께 변화하고 발전한다. 그런데 공진화에서 뒤처진다면 어떻게 될까? 쉽게 예상할 수 있듯 결론은 도태뿐이다.

이 '공진화 현상'에서 자유로울 수 있는 분야나 기업은 없다. 도요타만 하더라도 부품업체와의 관계에 있어 '상생'과 '공진화 현상'을 잘 보여준다. GM은 부품업체에게 납품 단가를 낮추기 위해 비용절

감을 요구하면서 일방적인 희생을 강요했지만 도요타는 철저히 상생 관계를 유지한다. 도요타는 부품업체의 혁신 기술을 이용할 수 있고, 부품업체들은 확실한 수익을 보장받을 수 있는 윈윈 관계의 구축을 통해 '공진화'를 하고 있었다.

게임 산업의 최강자인 닌텐도 역시 끊임없이 발전과 변화를 모색했다. 휴대용 게임기에서부터 비디오 게임기까지 늘 선두주자로서 게임 산업과 시장을 키워왔다. 이렇게 늘 앞서나가려 했고, 또 새로운 진화를 거듭하며 독주하는 듯 보였던 닌텐도지만 공진화 법칙에서 자유로울 수는 없었다.

닌텐도는 통제권을 확실히 장악한 상태에서 공진화를 추구했다. 닌텐도는 게임 소프트웨어와 관련해서 라이선스 전략을 통해 질 좋은 게임의 개발, 제작, 유통이란 3박자를 맞추면서 시장에서 독점적인 지위를 유지하였던 것이다.

사람이든 동물이든 일단 터전을 마련하여 기반을 닦아놓으면 점차 그 영역을 확장한다. 기업 비즈니스 또한 다를 바 없다. 처음엔 안정적인 시장 형성에 노력을 기울였다면 이후부터는 시장, 즉 파이를 키우기 위한 단계로 접어든다. 이때 파이를 키우기 위한 기업들의 관계는 치열한 경쟁관계로 바뀐다. 닌텐도와 세가SEGA가 게임기 시장의 주도권을 차지하기 위하여 치열하게 경쟁을 벌였던 것도 이와 같은 맥락이다.

이처럼 닌텐도는 '공진화 현상' 한가운데서 함께 게임 시장을 키워갈 어깨동무이자 강력한 경쟁자들을 맞이하게 된다. 이런 경쟁은 게임기 시장을 장악하기 위해 각축전을 벌이는 동시에 산업 전체의 발전도 함께 가져왔다. 하지만 영원한 승자 없이 엎치락뒤치락하며 공진화를 거듭한다.

게임기 시장의 비약적인 발전으로 점차 새롭고 강력한 경쟁자들이 속속 참여하면서 경쟁구도의 열기는 점점 더 뜨거워진다. 때론 닌텐도보다 더 우수한 기술력과 자본력을 갖춘 기업들이 등장하기도 하는데, 이것은 닌텐도에게 위기감을 주기에 충분했다. 게다가 경쟁업체들은 마치 "타도! 닌텐도"를 구호로 삼은 듯 오로지 닌텐도에 대해서 공격적인 행보를 취하였다.

신천지로 여겨졌던 게임 산업의 블루오션은 점차 레드오션으로 바뀌었다. 닌텐도의 생존까지 위협할 정도로 강력한 경쟁자들의 출현은 또다시 닌텐도로 하여금 스스로 진화하도록 압박하였다. 한순간이라도 제자리에서 뛰기를 멈추면, 그건 단지 숨을 고르는 게 아니라 공진화에서 뒤처져 경쟁 대열에서 탈락하는 것을 의미했다.

'숨을 고른다는 것'은 '전진을 위한 후퇴'여야 한다. 즉 전략적으로 재충전과 기회의 모색의 시간이 되어야 한다는 뜻이다. 그러나 레드오션의 상황에 처하면 그마저도 실행하기 힘들다. 닌텐도는 지금까지 오일쇼크나 자사 제품의 판매부진 등에 주로 위기감을 느꼈지만 이제는 강력한 경쟁자들의 틈바구니에서 생존까지 모색해야 할 정도로 또 다른 위기에 직면한다.

어떤 시장이라도 처음엔 미지의 블루오션이다. 그저 노를 저으며 전진하기만 해도 모든 것을 자신의 성과로 삼을 수 있다. 그러나 그건 일시적일 뿐이다. 새로운 미지의 세계가 있다는 것을 알면 뒤따라오는 모험가와 배들이 있기 마련이다. 내가 탄 배보다 훨씬 더 크고 강력한 무기와 장비를 탑재한 대형 범선이 등장할 수도 있다. 이때 나의 배를 좀더 빠르게 항해할 수 있도록 돛을 새롭게 바꾸고 노를 튼튼하게 교체하는 등 개조를 거듭해야 한다. 그렇지 않으면 앞장 서 항해하던 나의 배는 점차 뒤처져 꼴찌로 낙오할 수밖에 없다. 따라서 늘 내가 타고 있는 배의 위치, 즉 기업의 포지셔닝에 대해 고민해야 한다.

또한 항상 망원경을 들고 주변의 배들이 어디까지 가고 있는지, 배들의 숫자가 어떻게 되는지 등 경쟁구조를 정확하게 인지하고 있어야 한다. 뿐만 아니라 아직도 남들이 찾지 못한 미지의 바다를 확인하기 위해 항상 시선은 먼 곳을 향하고 있어야 한다.

세가의 거침없는 공격을 받다
● 경쟁적 동반자는 진화의 필요조건이다

1980년대 초기의 닌텐도는 거침없이 성장하고 있었고 게임기 시장 역시 더욱 커졌다. 게임 산업은 '아타리 쇼크'의 후유증에서 벗어나서 닌텐도의 질 좋은 게임 유통 전략과 새로운 게임기의 개발 등으로 다시 활기를 띠어갔다. 그러자 일본의 완구업체나 전기업체 등 조금이라도 게임과 관련 있는 분야 업체들이 너도나도 이 시장에 뛰어들기 시작한다. 그러나 게임 시장의 80퍼센트 이상을 차지했던 닌텐도의 시장 점유율은 도무지 줄어들 기미를 보이지 않았다.

오락실용 아케이드 게임의 강자였던 세가SEGA의 등장은 독주체제를 갖춘 닌텐도의 아성을 위협할 만한 게임기를 통해 이루어졌다. 세가는 1983년에 'SG-1000'을 시장에 내놓는다. 그러나 패미콤이 저가 전략과 다양한 게임을 구현할 수 있다는 장점으로 단숨에 시장에서 독점적인 지위를 차지해버렸다. 그리고 서드파티 정책을 통해 패미콤용으로 사용될 양질의 소프트웨어가 다수 만들어지면서 닌텐도의 지위는 더욱 공고해졌다.

절치부심하던 세가는 다시 '세가 마크3'이란 게임기를 내놓지만 이번에는 소프트웨어가 발목을 잡는다. 게임 소프트웨어를 만드는 회사가 세가 한 곳뿐이었던 것이다. 여러 번의 도전이 좌절되었지만 세가는 다시 난공불락으로 여겨지던 닌텐도에 도전한다.

　세가는 1988년에 16비트 기종인 '메가 드라이브Mega Drive'를 출시하고 이듬해 미국시장에 '제네시스Genesis'라는 이름으로 진출한다. 당시만 하더라도 메가 드라이브가 내장한 16비트 프로세서 게임기는 없었다. 고해상도의 영상과 500색 이상을 보여줄 수 있는 풍부한 색감, 3차원 영상처리에다 CD 음질에 가까울 정도의 음향효과를 갖춘 하드웨어는 가히 최고의 게임기라 부를 만했다. 게다가 오락실에서 히트를 친 소프트웨어까지 갖추었으니 닌텐도와의 한판을 기대하기에 충분했다. 또 자사의 게임기끼리 호환을 가능케 하여 '마스터 시스템' 용 게임들을 파워베이스 컨버터를 통해 메가 드라이브에서도 플레이를 즐길 수 있도록 하였다. 기존의 마스터 시스템 사용자들은 게임기를 바꿀 필요 없이 새로운 메가 드라이브 용 게임 소프트웨어를 사용할 수 있으니 소프트웨어 매출에도 도움이 되리란 장밋빛 미래를 꿈꾸었다.

　메가 드라이브는 오락실용 게임을 이용할 수 있다는 점까지 활용하며 대대적인 마케팅을 전개하고 미국시장을 공략하기 위해 미국의 중견 유통업체까지 인수한다. 광고비만 1,000만 달러를 쏟아 부은 세가는 당장이라도 닌텐도의 아성을 허물어뜨리고 새로운 게임 강자로 등장할 것만 같았다. 미국에서 "제네시스는 할 수 있지만 닌텐도는 할 수 없다"며 대대적인 공세를 펼치던 세가는 한때 미국에서 시장 점유율을 60퍼센트까지 넘봤다.

　수백만 달러를 들여 마이클 잭슨까지 끌어들인 세가는 그의 춤 동작을 응용한 '문 워커Moon Walker' 라는 게임까지 만들어 판매했다. 디지털로 구현한 마이클 잭슨의 춤 동작과 전자음으로 재현한 그의 목소리가 담긴 이 게임은 초기에는 반응이 좋았다. 당대 최고의 스타를 게임에서 느낄 수 있다는 것만으로도 사람들의 시선을 끌기에 충분했던 것이다. 그러나 시선을 끌기에만 충분했을 뿐 게임 자체의 재미는 별로였다. 떠들썩하고 화려한 광고에 비해 지루하게 반복되는 동작 등 정작 알맹이는 좋지 못했던 것이다.

　세가가 16비트의 고사양 게임기를 출시하면서 간과했던 것이 있다. 뛰어난 하드웨어에 소프트웨어까지 갖추면서 게임 산업 공략의 구색은 맞추었지만, 말 그대로 모양새만 갖추었던 것이다. 특히 게임기 자체 기능보다 게임 소프트웨어의 흥행 결과에 따라 판가름 나는 시장의 특성을 제대로 반영하지 못했다. 그저 오락실용 인기 게임을 모방했기 때문에 닌텐도의 히트 게임과는 다르게 재미가 없었던 것이다. 세가는 하드웨어의 완벽성에만 치중하는 바람에 고객들을 사로잡을 만한 게임, 즉 '재미있는 게임' 을 만들지 못했다.

　세가는 실패를 만회하기 위해 미국인들이 좋아하는 스포츠 게임을 발매했다. 아놀드 파머, 토미 라소다 LA 다저스 감독 등 스포츠

스타와 계약하여 게임을 개발하고, 미국의 스포츠 게임 전문회사인 'EA'와 계약하여 그 회사의 게임을 세가의 게임기에서도 즐길 수 있도록 하였다.

소프트웨어의 확대는 세가의 게임기 판매에 도움이 되었다. 그러나 확실한 킬러 콘텐츠가 없었던 게 문제였다. 세가는 오히려 8비트 게임기에 불과한 패미콤조차 따라가지 못했다. 닌텐도는 슈퍼마리오라는 확실한 킬러 콘텐츠를 가지고 있었기 때문이다.

그러나 닌텐도의 입장도 느긋하게 기다릴 수 있는 것만은 아니었다. 다윗과 골리앗의 싸움은 자만심이 승패를 갈랐다. 닌텐도는 자만심으로 자멸한 골리앗이 될 수 없었다. 비록 자신들보다 한 수 아래라고 여겼던 세가였지만 그들의 추격은 멈출 기색을 보이지 않았고 특히 미국 시장에서의 선전은 닌텐도로 하여금 변화의 중요성을 깨닫게 하는 계기가 되었다.

확실한 성공작, 킬러 콘텐츠, 시장에서의 지배적인 위치라는 배경은 현재의 이야기일 뿐이다. 닌텐도는 세가의 게임기 개발 경쟁에 대응하기 위하여 16비트 게임기인 '슈퍼패미콤'을 만들어낸다. 시장은 다시 혼전으로 빠져들었다. 치열한 경쟁 끝에 결국 16비트 게임기 경쟁에서 최후의 승자라는 영광은 닌텐도의 몫이 되었다.

닌텐도는 세가의 공세에 허겁지겁 대응하기보다 시장의 추이를 면밀하게 들여다보며 전략적으로 판단하였다. 세가의 16비트 게임기가 시장을 휩쓸 것처럼 맹렬한 기세를 올려도 성급하게 뛰어들지 않고 기다렸다가 그들의 한계점이 발견될 때 집요하게 물고 늘어졌다. 실제로 슈퍼패미콤은 개발이 완료됐는데도 곧바로 시장에 내놓지 않고 기다렸다. 패미콤은 여전히 잘 팔리고 있었고, 8비트 게임기용 소프트웨어 시장의 호조로 굳이 게임기를 대체하지 않아도 되었던 것이다. 그러다 세가의 약점이 드러나고 게임기 시장의 재편이 필요하다는 판단이 들자 과감하게 경쟁에 뛰어들었고 결국 승리하였다.

닌텐도의 게임기 개발능력과 전략적인 판단능력의 발전은 닌텐도만의 역량이 틀림없다. 그러나 그들은 세가를 비롯한 경쟁업체들의 등장이 있었기에 항상 긴장을 유지하며 날 선 생존 경쟁의 감각을 유지할 수 있었다. 시장에서의 독점은 '고인 물'과 같다. 게다가 그 어느 기업도 독점의 지위를 영원히 누릴 수 없다. 개인도 마찬가지다. 능력의 '최종 완성'이란 것은 없다. 경쟁의 관계가 곧 발전의 파트너십이다. 강력한 라이벌의 출현일수록 비난과 악이 섞인 공격보다는 그들의 약점을 냉정히 공략하고 그들의 장점을 겸허히 배우려는 마음가짐이 필요하다.

세가와 NEC 그 이상의 경쟁자를 의식하다
: 더 넓은 곳을 보라, 경쟁 상대는 눈앞에만 있지 않다

닌텐도가 세가와의 경쟁에서 승리하면서 게임 업계는 최강의 닌텐도와 쇠약해진 세가의 구도로 흘러가고 있었다. 그러나 이런 구도 역시 그리 오래 가지 않았다. 게임 시장의 무한한 가능성에 눈독을 들인 외부 업체들의 참여가 점점 늘어나고 있었던 것이다.

대형전기회사인 'NEC(일본전기)'는 닌텐도가 긴장하기에 충분할 만큼 큰 업체였다. 연매출이 220억 달러이고 매출액의 16퍼센트를 R&D에 투자하는 NEC는 덩치부터 남달랐다. 닌텐도를 더욱 위축시킬 수 있는 것은 NEC가 자신의 사업 분야에서 축적한 노하우의 힘이었다. 가전제품 생산과 통신, 반도체 산업까지 운영하던 NEC는 게임기의 핵심 부품인 반도체 칩을 저렴하게 생산할 수 있는 장점까지 있었던 것이다.

막대한 자본력과 기술력을 갖춘 NEC는 풍부한 인력자원까지 보유했기 때문에 단기적인 경쟁에 연연할 필요가 없었다. 이 말은 게임 산업의 패권을 차지할 때까지 지치지 않고 계속 경쟁할 수 있다는 뜻이다. 장기전까지 치룰 수 있는 힘을 가진 NEC. 닌텐도는 지금까지와는 다른 싸움을 준비해야 했다.

NEC는 'NEC 홈일레트로닉스'라는 회사를 만들어 게임 산업으로

의 진출을 선언하고 1987년에 'PC엔진'이란 게임기를 선보였다. 기존 게임 시장을 주의 깊게 지켜보았던 NEC는 게임기만 들고 시장에 뛰어들지 않았다. 여러 유력 서드파티를 확보한 상태에서 킬러 콘텐츠와 함께 시장에 진입했다.

NEC의 공격적인 행보는 계속되었고, 1989년에는 16비트 게임기인 '터보 그래픽스'를 내놓는다. 세가에 의해 16비트 게임기 시장의 문이 열리자 NEC 역시 공세의 포문을 열었던 것이다. 여러모로 기존 닌텐도의 패미콤보다 뛰어났던 '터보 그래픽스'는 현란한 색상과 게임 속 캐릭터의 움직임으로 게이머들의 관심을 사로잡는 데 성공한다.

그러나 세가의 메가 드라이브처럼 터보 그래픽스 역시 소프트웨어 경쟁에서 주도권을 뺏는 것에는 실패하고 만다. 비록 서드파티까지 대동하고 야심차게 뛰어들었으나 정작 게임 소프트웨어에서는 닌텐도의 슈퍼마리오를 누를 힘이 부족했던 것이다.

NEC는 야심찬 출발을 선언했으나 소프트웨어의 빈약함과 게임의 지루함을 극복하기 위한 준비는 미흡했다. 정확히 말하자면 애초부터 훌륭한 소프트웨어를 얻기란 불가능한 구조였다. 하드웨어인 게임기야 NEC의 기술력만으로도 충분히 만들 수 있었고 오히려 닌텐도보다 더 뛰어난 기능의 게임기를 제작할 수 있었다. 하지만 소프트웨어 개발 경험이 부족했기 때문에 주로 서드파티와 같은 외부에서 공급받아야 했다. 그러나 대다수의 게임 개발 업체들은 닌텐도의 게임을 개발하는 것만으로도 바빴다. 이런 사정은 일본뿐만 아니라 외국의 게임 개발업체도 별반 다를 게 없었다.

소프트웨어의 통제권을 틀어쥐고 있었던 닌텐도의 힘을 미처 깨닫지 못했던 NEC로서는 16비트 게임기란 하드웨어의 우수성에 비해 슈퍼마리오, 젤다의 전설 등 닌텐도의 게임에 미치지 못하는 소프트웨어의 한계를 인정할 수밖에 없었다.

여기에 설상가상으로 NEC는 스캔들에 휩쓸리게 된다. 16비트 기종이라고 말했던 게임기가 실은 16비트와 같은 성능이 발휘되도록 개발된 8비트 마이크로프로세서였음이 알려진 것이다. 게이머들은 NEC에 대한 신뢰를 거두어들였다.

세가에 이어 NEC까지 뛰어들어 열띤 경쟁이 이루어질 듯 보였던 16비트 게임기의 3파전은 의외로 일찍 판세가 결정되었다. 닌텐도의 패미콤이 부동의 1위를 고수하였고 NEC는 2위를 차지했지만 워낙 닌텐도의 점유율이 컸기 때문에 의미 없는 2위에 불과했다.

닌텐도는 세가에 이어 NEC의 등장으로 새로운 교훈을 얻었다. 여전히 야마우치는 자신만만하고 거침없는 모습을 보여줬지만 게임 산업의 패러다임이 바뀌는 것을 주목하고 있었다. 기존에는 게임기와 소프트웨어를 개발하던 동종업계의 동향에 눈과 귀를 기울였지만 이제는 NEC처럼 이종異種 업계의 움직임도 신경 써야 했다. 실제로 나중에 닌텐도를 위협하는 강력한 경쟁자는 그 모체가 이종 업종이었던 소니나 마이크로소프트이다.

닌텐도로서는 전혀 예상치 못한 기업들까지 경쟁상대가 된 것이다. 물론 이런 상황이 요즘엔 그다지 새로운 것이 아니다. 보험업과 은행업의 경계가 무너지고 은행에서 주식을 거래한다. 그동안 빗장을 굳게 잠그고 자기 영역을 지키던 시대는 이미 과거의 산물로 여겨지고 있다.

이종 간의 경쟁도 생겨났다. 디지털카메라를 만드는 업체의 경쟁상대는 동종 업계뿐만 아니라 휴대폰 업체까지 포함해야 한다. 휴대폰에 장착된 카메라의 기능은 이제 웬만한 보급형 디지털카메라 못지않다. 심지어 다른 산업의 움직임이 매출에 직접적인 영향을 끼친다는 연구결과도 있다.

이제 나이키의 경쟁상대는 닌텐도라는 주장이 있다. 사람들이 게임에 빠져 집에서 게임하는 시간이 많을수록 나이키 운동화를 신을 가능성은 줄어들게 된다는 말이다. '시장 점유율Market Share'에서 '시간 점유율Time Share'의 싸움이 되어버렸다는 주장은 그래서 설득력이 있다. 이런 현상은 디지털 기술의 발달과 컨버전스 비즈니스로 인해 더욱 가속화되고 있다.

닌텐도는 스스로, 혹은 경쟁을 통해서 진화해왔지만 생존을 위한 적응 강도는 갈수록 높아졌다. 세가와의 한판 싸움에서 이기고, NEC

의 위협을 물리쳤지만, 게임 산업의 패러다임이 과거와는 다르게 큰 폭으로 바뀌고 있었다. 그들의 경쟁상대는 그동안 시야에 있었던 곳이 아닌 다른 곳에서 침공하고 있었다. 그나마 다행인 것은 아직까지 하드웨어의 발달에만 신경을 쓰는 경쟁자들과 달리 닌텐도는 소프트웨어의 성공이야말로 게임기와 게임 산업 전체의 패권 장악에 필요한 열쇠임을 잊지 않았다. 그리고 닌텐도의 소프트웨어 경쟁력은 여전히 절대 우위에 있었다.

동종 업계 안에서 벌어지는 경쟁에다가 이종 업체까지 뛰어들었다면 우선 닌텐도처럼 자신들의 장점부터 극대화해야 한다. 새로 뛰어든 경쟁자들은 기존의 일등주자가 지닌 약점부터 공략하려 든다. 세가나 NEC는 하드웨어에서 우위를 점할 수 있는 기술과 자본이 있었기 때문에 닌텐도에 대한 공격을 16비트 게임기로 시작하였다. 그러나 닌텐도는 하드웨어에다가 소프트웨어까지 묶은 비장의 무기로 경쟁을 물리쳤다.

약점을 감추거나 방어에 급급하면서 역량을 낭비하기보다 절대 우위에 있는 자신의 장점이 무엇인지 파악하고 이를 더욱 강화하는 것도 경쟁에서 이기는 방법이다.

닌텐도와 야마우치의 차별화 전략
: 선택과 집중의 핵심역량이 승부처다

비디오 게임기를 처음으로 만들었던 아타리가 순식간에 무너져버린 아타리 쇼크의 본질은 하드웨어 기술력의 부재도, 자본력의 부족도 아닌 재미의 문제였다. 게임 소프트웨어의 실패가 산업 전체의 붕괴 위기를 겪게 했던 것이다. 세가와 NEC의 야심찬 도전이 실패로 끝난 이유도 마찬가지였다. 게임기의 핵심부품인 반도체 사업을 보유하고 있었던 NEC나 16비트 게임기를 처음 들고 나온 세가의 아케이드 게임이 실패한 것은 사람들이 재미를 느끼고 즐겨 할 만한 게임이 없었기 때문이다. 음식을 아무리 보기 좋고 예쁘게 요리했다고 해도 맛이 없으면 먹는 이의 식욕을 자극하지 못한다.

닌텐도에는 강력한 킬러 콘텐츠인 슈퍼마리오를 비롯한 일군의 소프트웨어 라인이 있었다. 세가와 NEC가 경쟁에서 이기려면 무엇보다 재미있는 게임을 출시해야 했다. 그러나 불행히도 그들에겐 그런 역량이 부족했다. 세가는 기존의 아케이드 게임을 모방한 것에 불과한 게임을 내놓았고, NEC 역시 이와 다를 게 없는 그저 그런 게임으로 승부했으니 이길 리가 없었다.

닌텐도는 기업의 출발부터 '재미'로 시작했다. 그들이 120여 년 전에 만들었던 화투는 대표적인 오락 게임이었다. 이런 독창적인 게임 소프트웨어로 시작한 닌텐도의 강점, 즉 핵심역량은 바로 '재미를 만들 줄 아는' 능력이었다. 야마우치는 기계나 프로그램에 대한 전문지식이 없었기에 보통 사람들의 입장에서 게임을 바라봤다. 무조건 재미있어야 했다. 화투에는 열두 달의 의미와 이야기가 담겨 있었고, 트럼프 카드에는 캐릭터가 도입되어 재미를 배가시켰다. 이것은 뭔가 기술적으로 완벽한 것을 추구한 결과가 아니었다. 오히려 재미있는 놀이를 위해 좀더 사용하기 편리하도록 업그레이드했을 뿐이다.

'재미가 우선'이라는 닌텐도의 기업 철학은 확고했다. 개발자들은 완벽한 기술의 게임기보다 게이머들이 재미를 느낄 수 있는 게임과 게임기를 만드는 것에 집중했다. 닌텐도의 이런 정책은 하드웨어와 소프트웨어의 환상적인 궁합을 과시했다. 닌텐도는 새로운 하드웨어를 개발할 때 반드시 재미있는 소프트웨어와 콘텐츠를 같이 개발했다. 하드웨어와 소프트웨어를 따로 개발하는 회사들은 닌텐도의 강력한 소프트웨어 정책을 쉽게 따라갈 수 없었다. 닌텐도는 이렇게 도전자들을 물리칠 수가 있었다. 어디 그뿐인가. 새로운 도전자들이 들고 나온 신형 게임기는 시장을 더욱 확대시켜 주었다. 그러나 그들은 달콤한 열매를 맛보기도 전에 게임기 시장에서 철수하는 신세가 된 반면, 닌텐도는 그 성과의 대부분을 독차지할 수 있었다.

하드웨어의 발전은 멍석을 깔아놓는 것과 같다. 결국 재주를 누가, 어떻게 부리느냐에 따라 관객들의 환호성은 바뀔 수밖에 없다.

닌텐도는 게임 산업의 메커니즘을 정확히 꿰뚫어보고 있었다. 게임기를 경쟁업체보다 상대적으로 싸게 판매하는 이유도 바로 소프트웨어 시장을 장악하기 위한 전략의 일환이기도 하다. 게임기의 교체는 더딜 수밖에 없다. 소프트웨어의 교체는 그보다 빨리 이루어진다. 닌텐도는 막강한 소프트웨어 라인을 자체 보유했을 뿐만 아니라 라이선스 정책으로 자사 외의 인기 있는 소프트웨어 생산까지 독점했기 때문에 그들이야말로 '꿩 먹고 알 먹는' 망외의 소득까지 올릴 수가 있었다.

지금까지 살펴본 바로 닌텐도와 야마우치에게는 다른 경쟁 기업들과 확실히 차별화된 역량이 있었다. 그들은 성공의 법칙, 즉 '재미있는 게임을 쉽게 할 수 있는 보급형 게임기'란 공식을 통해 시장을 선점하고 이를 놓치지 않았다. 그리고 야마우치의 과감하고 발 빠른 판단과 실행력으로 이제까지의 위기를 극복할 수 있었다.

위기나 극심한 경쟁에서 무엇보다 중요한 것은 승부처를 놓치지 않아야 한다는 점이다. 축구나 야구 경기에서 아무리 약팀이라도 무조건 진다는 법은 없다. 경기 내내 일방적으로 밀리더라도 오히려 승부처에서 승패를 결정짓는 필살기 하나 정도를 가지고 있다면 얼마든지 이길 수 있다.

미국의 월마트는 1970년대 초반까지 고작 시골 지역에 30개 정도의 할인점을 가지고 있었던 중소 규모의 유통업체에 불과했다. 당시 미국의 유통업계 1위는 K마트였다. K마트는 미국 웬만한 대도시의 주요 도로 인근에 있는 쇼핑센터에 대규모 매장을 운영하고 있었다. 그때까지만 하더라도 K마트는 월마트를 경쟁자로 생각하기는커녕 존재 자체를 무시하고 있었고, 당시 주변의 평가 역시 월마트와 K마트가 경쟁관계라고 보는 경우는 거의 없었다. 그러나 월마트는 K마트가 없는 시골 지역을 중심으로 꾸준히 점포를 늘려갔다. 그리고 10여 년이 지나자 월마트의 점포수는 1,000개가 넘었고, 그중에는 K마트가 운영하던 점포를 인수한 것이 절반이 넘었다.

월마트는 긴 시간 동안 K마트의 그늘에 가려져 있었지만 승부를 포기하지 않았다. 월마트는 K마트가 신경 쓰지 않았던 작은 지역을 중심으로 미국 전역에 점포를 열면서 시장을 장악해가며 승부수를 띄웠다. 월마트는 매장에 물품을 공급할 때 자동화를 구축하였고 매출과 재고를 전산으로 관리하였다. 이렇게 불필요한 비용의 낭비를 철저히 제거하는 등 매장 관리와 운영에 있어 K마트보다 우위에 있었다. 이 장점을 승부수로 택한 월마트는 K마트를 압박했다. K마트는 월마트의 승부수에도 불구하고 계속 몸집만 불리기 위해 전문 소매점 체인을 사들이거나 이미지 광고에 치중하는 등 잘못된 대응을 하면서 월마트에게 추월당하고 만다.

영화 〈300〉의 실제 배경인 테르모필레 전투에서 수적으로나 전력에서 열세였던 그리스 연합군이 페르시아군을 이길 수 있었던 것도 승부처에서의 싸움이 결정적인 역할을 했다. 스파르타의 소수 정예군이 막강한 페르시아군을 상대로 싸워 궤멸당했지만 스파르타 용사들이 며칠을 버텨준 덕분에 그리스는 전력을 재정비하여 살라미스 해전에서 승리하여 페르시아군을 물리쳤다.

닌텐도는 게임 산업의 승부처를 잘 알고 있었고, 승패를 가름하는 필살기를 보유하고 있었다. NEC와 같은 대기업이 위풍당당하게 걸어 들어와 도전을 선언하더라도 위기감은 느끼겠지만, 그렇다고 마냥 주눅들 이유도 없었던 것이다.

무슨 일이든 열심히만 한다고 잘되는 것은 아니다. 승부처가 어디인지 정확히 파악하고 자신의 승부수를 제대로 쥐고 있다면 위기가 오더라도 침착하게 대처할 수 있다. 결정적인 한 방으로 전세를 뒤엎고 주도권을 장악할 수 있을 테니 말이다.

오직 게임만을 생각하는 닌텐도 개발자들
: 미쳐야 미친다, 몰입하라

닌텐도는 개발자들이 게임을 개발할 때 마치 영화촬영을 하듯 스튜디오를 만들어서 이것저것 수없이 테스트한다. 즉 게임 시나리오를 만들었다면 구체적인 동작이나 배경 등을 설계하기 위해 실제 게임 소재와 비슷하게 만든 세트장에서 각종 상황이나 아이디어를 테스트해보는 것이다.

또 게임이 베타 수준까지 만들어지면 어린이들을 초대하여 직접 조작하게 한다. 그러면 아이들은 게임에 몰입해 즐긴다. 이때 아이들이 재미를 느낄 때 하는 행동과 소리를 녹화하여 게임에 실제로 반영하기도 한다. 이렇게 만든 게임이 출시되면 아이들이 느끼는 동질감은 당연히 클 수밖에 없다.

이렇게 사람들의 상상력을 자극하는 게임의 총본산인 닌텐도 회사는 외관상 흰색의 육중한 건물이다. 로비도 화려한 인테리어와는 거리가 멀다. 하지만 눈에 보이는 것과는 달리 닌텐도는 창의적인 아이디어와 게임이 쏟아져나오는 상상력의 공간이다. 개발실 안에는 수많은 포스트잇이 붙어 있는 판과 복잡한 회로도, 게임 캐릭터들의 세부적인 동작이 그려진 삽화가 여기저기에 있다. 닌텐도의 별동대는 그들만의 문화를 만들어내며 게임 마니아, 즉 게임 오타쿠로 닌텐도의 신화를 만들어내고 있다.

불광불급不狂不及. 즉 미치지 않으면 미치지 못한다, 미쳐야지만 경지에 이른다는 이 말처럼 그들은 철저히 게임에 미친 사람들이었다. 게임에 미친 그들이 만들어낸 게임기와 소프트웨어에 사람들 역시 빠져들었다. 닌텐도 개발자들이 이렇게까지 게임에 미칠 수 있었던 이유는 무엇일까? 이 질문의 해답은 개인의 특성으로 설명할 수도 있겠지만 근무환경에서 찾을 수 있다. 닌텐도에서는 각 팀의 자율권을 최대한 보장하고 톡톡 튀는 개인의 자질보다 팀워크를 중시한다. 새로운 게임을 만들 때마다 그들은 자유롭게 아이디어를 낼 수 있도록 특별한 방법을 사용한다. 게임에 대한 아이디어가 떠오르면 기획서를 작성하여 절차에 따라 보고하는 것이 아니라, 아이디어 하나만으로도 포스트잇에 써서 언제든지 기획자 책상에 붙여놓게 했다. 그러자 직원들의 참여가 더욱 늘어났다. 기획자는 여러 가지 아이디어가 적힌 포스트잇을 보고 프로젝트의 진행을 판단한다.

직원이 낸 아이디어는 평가위원회에서 그들만의 기준, 즉 전통적인 닌텐도의 성공 공식대로 '재미있고 쉽게 즐길 수 있는지'의 여부를 따져 결정하게 된다. 만약 아이디어가 채택되면 그것을 제안한 사람이 어떤 부서에 근무하든지 간에 게임 기획자로 참가할 수 있도록 하였다. 게임을 좋아하고 열정만 있다면 얼마든지 게임을 만들 수 있는 기회를 주는 것이다.

또 하나의 특징은 닌텐도의 개발자 중에는 40~50대도 많다는 것이다. 게임업체라 하면 대부분 젊은 사람들 위주일 거라 생각하기 쉽다. 그러나 닌텐도에는 장년층 개발자들이 많고, 이들은 젊은 20대 개발자들과 스스럼없이 어울리며 새로운 기술과 트렌드를 배우려 한다. 새롭고 창의적인 생각은 나이와 상관 없다. 닌텐도에서 나이란 그저 생물학적인 개념일 뿐이다. 현재 닌텐도 직원의 평균 연령은 35.7세이지만 그들은 평균 나이보다 더 젊게 생각하고 새로운 것을 추구하는 조직임에 분명하다.

닌텐도의 독특한 기업문화는 "하고 싶은 것을 하라!"는 말에서 알 수 있듯이 자유로운 분위기에서 찾을 수 있다. 그렇기 때문에 항상 시장에서 새로운 것을 먼저 내놓고, 기발한 아이디어로 만든 게임기나 게임 소프트웨어로 위기를 극복할 수 있었던 것이다. 당연히 남들을 흉내 내는 일 따위는 하지 않는다. 3M의 유명한 '15퍼센트 룰Rule' 처럼 하고 싶은 것을 하게끔 하는 기업문화의 긍정적인 효과를 잘 보여준다.

근무시간의 15퍼센트를 자신이 하고 싶은 일에 할애할 수 있는 3M의 '15퍼센트 룰'은 그들의 혁신적인 제품이 세상에 나올 수 있는 기반이 되었다. BMW의 '이 달의 가장 창의적인 실수상' 역시 같은 맥락이다. 창의적이고 새로운 발상을 하려면 자신이 하고 싶은 일에 몰두했을 때 가능하다. 그런데 실수를 두려워하게 되면 새로운 것에 도전하기 쉽지 않다. 일을 재미있게 하고 상상력을 발휘하려면 실수가 장애물이 되어선 안 된다. 그래서 만든 상이 '실수상'인 것이다.

닌텐도의 개발자들은 몰입의 효과를 잘 알고 있을 것이다. 그들이 게임을 만들어내는 과정 자체가 몰입의 과정이다. 몰입을 통해 그들은 하고 싶은 일, 의미가 있는 일에 집중하고 있다. 다람쥐 쳇바퀴 돌 듯 직장을 다니면서 아무런 흥미나 열정을 갖지 못한다면 개인의 발전은 물론 조직에 대한 충성도 역시 낮을 수밖에 없다. 당연히 성과란 기대할 수도 없게 된다.

진정 몰입을 느껴본 어떤 사람은 극한 집중력 때문에 슈퍼맨이 된 듯한 도취를 느낄 정도였다고 한다. 경지에 이르렀는데 이루지 못할 일이 어디 있으랴. 슈퍼맨이 되고도 남을 일이다. 그리고 기업은 이런 슈퍼맨을 진정한 인재로 생각한다. 인텔Intel의 전 회장인 앤디 그로브는 "무한 경쟁 시대에서 어떤 사람이 살아남을 수 있습니까?"라는 기자의 질문에 "대답은 간단합니다. 일에 미친 사람만이 살아남습니다"라고 대답했다. 단순히 일을 열심히 하는 워커홀릭을 말하는 것이 아니다. 몰입할 줄 아는 사람만이 치열한 경쟁에서 살아남을 수 있다는 뜻이다.

"엔진을 생각하면 머릿속에서 계속 엔진이 돌아가 멈추지 않는 바람에 잠을 잘 수가 없다"며 밤낮을 잊고 연구에 몰입했던 혼다의 소이치로 사장처럼 닌텐도의 개발자들도 마찬가지였다.

몰입은 닌텐도의 또 다른 성공열쇠였다. 몸에 밴 그들의 몰입 습관이 슈퍼마리오를 비롯한 걸작의 게임들과 뛰어난 게임기를 만들어 냈다. 창조적인 에너지의 원천은 물질적인 보상이나 명예가 아니다. 그것은 몰입의 결과로 얻을 수 있다.

미야모토식 '밥상 엎어버리기'

: 버릴 줄 알아야 더 큰 것을 얻는다

"칭찬은 고래도 춤추게 한다"는 말이 있다. 긍정의 기운을 불어넣으면 그만큼 더 좋은 성과를 얻을 수 있다는 뜻이다. 부정적인 마음과 분위기에서 열심히 일하기는 어렵다. 어떤 일을 계획하려 해도 비난받을까 눈치만 봐야 한다면 뭔가 새롭고 창의적인 것을 만들려는 사람은 없을 것이다. 하지만 아무런 의미도 없이 박수를 남발하며 칭찬하는 것은 오히려 더 큰 역효과를 낳을 수 있다. 칭찬받을 일도 아닌데 칭찬을 남용하면 자칫 자만하거나 혹은 그릇된 판단을 할 수도 있으니 말이다.

"최고가 아니면 만들지 말라!" 이 말은 닌텐도의 장인 정신을 잘 보여준다. 아무리 오랫동안 개발했더라도 아니다 싶으면 과감하게 중단하거나 처음부터 다시 시작한다. 그동안 들어간 자본이 아까워서 그냥 밀어붙이는 일은 없다. 아타리가 'ET' 게임을 졸작으로 개발했으면서도 수많은 돈을 쏟아 부은 것이 아까워 그냥 출시했다가 치명상을 입은 것을 생각하면 쉽게 이해할 수 있다.

닌텐도의 미야모토는 자신이 총괄하는 개발 업무 중에서 뭔가 문제가 있다면 "처음부터 다시!"를 외친다. 게임 회사뿐만 아니라 어느 회사에서나 만든 것을 뒤집어엎고 처음부터 다시 시작한다는 것은 여러모로 리스크가 따르는 어려운 일이다. 지금까지 들어간 비용이나 노력을 생각하면 회사가 감당해야 할 부담이 만만치 않기 때문이다. 게다가 열심히 일했던 직원들의 반발 또한 무마하기 힘들다. 이러한 이유로 많은 회사들이 아타리처럼 회사의 이익을 위한다며 문제를 인식하고도 제품이나 서비스를 시장에 내놓으며 현실과 타협하려 한다.

그러나 닌텐도는 아타리 쇼크의 교훈을 잊지 않았다. 오히려 개발자들은 미야모토가 "처음부터 다시!"를 외치면 고마워할 때도 있다. 문제가 발견되었는데 무작정 시장에 내놓았다가 참패하면 그 결과는 더욱 감당하기 힘들기 때문이다. 완벽하지 못한 개발로 참패하기보다 다시 시간을 가지고 고객들이 만족할 만한 게임을 만들 수 있는 기회라 생각하는 것이다.

게임을 일단 출시하고 나면 돌이킬 수 없다. 하자가 발생되어 뒤늦게 회수하거나 수정 패치를 배포하더라도 신뢰가 무너진 고객의 마음을 다시 돌리는 것은 거의 불가능하다고 봐야 한다. 타이레놀 독극물 사태처럼 사태를 수습하기 위해 전량을 회수하고 고객 신뢰 회복을 위해 다방면으로 노력하여 다시 신뢰를 얻었다 하더라도 이를 위해 들어간 막대한 비용은 천문학적일 수밖에 없다. 또 재미라는 요소가 충족되지 않았는데 게임을 출시했다가 세가나 NEC처럼 경쟁구도에서 탈락해버릴 수도 있다.

이제 소비자들은 기업에게 직접 압박을 가할 수 있다. 과거처럼 일방적인 공급자와 수요자의 관계가 아니기 때문이다. 디지털 기술과 웹, 멀티미디어의 발전은 쌍방향 커뮤니케이션뿐만 아니라 기업의 생존을 좌지우지할 정도로 소비자에게 힘을 부여했다. '고객중심 경영', '고객가치존중' 등의 기업 구호는 듣기 좋으라고 만든 것이 아니다. 고객의 가치를 가볍게 여긴다면 기업의 생존마저 위협받을 수 있다.

미야모토의 "처음부터 다시!"는 닌텐도의 개발자들에게 긍정적인 문화로 자리 잡았다. 게다가 미야모토가 "처음부터 다시"를 외친 게임은 반드시 시장에서 성공한다는 속설이 있을 정도여서 개발자들은 미야모토의 처음부터 다시 하라는 '밥상 엎어버리기'를 기꺼이 받아들인다.

닌텐도에서 게임이란 요리와 같다. 갖가지 재료를 넣어서 최고의 음식을 만드는 것처럼 재미와 품질 등 게임의 각 요소들을 버무려 최고의 게임을 만들어야 한다. 그런데 맛이 없거나 바퀴벌레가 나온 음식이라면 누가 그 밥상을 받으려 할 것인가. 미야모토는 게임 개발을 고객 입장에서 관리하고 감독한다. 엔지니어의 관점에서 기술력에 치우치거나 간부 입장에서 회사의 이익만 생각하는 것이 아니라, 그 게임을 실제로 사서 즐기려는 게이머의 입장에서 바라본다. 그런데 맛없는 음식처럼 재미없는 게임이라면? 당연히 엎어버리고 다시 주문할 수밖에.

미야모토는 게임의 신으로까지 불린 사람이다. 그렇기 때문에 그가 처음부터 다시를 외치는 것에 의문이나 불만을 품는 개발자들은 거의 없다. 그럴 만하니깐 그렇다고 생각해서 처음부터 다시 게임 개발을 시작하는 것이다.

물론 게임의 신인 미야모토도 완벽한 신은 아니기에, 그 역시 최대한 일반 소비자의 입장에서 게임을 평가하려고 노력한다. 미야모토가 만들어낸 말 중에서 '와이프 미터 Wife Meter' 라는 것이 있다. 자신이 만든 게임을 부인에게 보여주고 난 뒤에 얼마나 흥미를 느끼는지 관찰하고 그 반응을 기록한 것을 말한다.

미야모토는 자신의 게임을 가족과 함께 즐길 때가 가장 행복하다고 말한다. 또 가족과의 소중한 경험을 게임으로 만들기도 했다. 한 번은 집에서 강아지를 길렀던 경험을 바탕으로 '닌텐독스 Nintendogs' 라는 게임을 만든 적이 있다. 미야모토의 가족은 그 게임에 매우 만족했고 일반 고객들의 반응도 마찬가지였다. 무려 1,000만 개가 넘게 팔렸던 것이다.

아닌 것은 과감히 버릴 줄 알아야 한다. 알렉산더 대왕이 페르시아와 전쟁을 하기 위해 원정길을 떠났을 때다. 행군하는 군사들이 굼뜨고 힘들고 지쳐 있었다. 이유를 알아보니 전투에서 노획한 전리품을 잔뜩 가지고 움직였기 때문이었다. 당연히 행동이 굼뜨고 이동이 힘들 수밖에 없었던 것이다. 알렉산더는 몸에 지닌 모든 전리품을 버리라고 명령했다. 군사들은 매우 불만스러웠지만 어쩔 수 없이 전리품을 버려야 했다. 하지만 그 덕에 페르시아와의 전쟁에서 가벼운 몸으로 전투에 임했고 결국 승리할 수 있었다. 전리품을 버렸기에 목숨을 지키고 승리를 얻었던 것이다.

이런 사례는 게임 업계에서도 있었다. 대전對戰 게임의 베스트였던 '스트리트 파이터Street Fighter2'의 캡콤CAPCOM은 '커맨드 입력시스템'을 만들어냈다. 격투 게임에서 다양한 공격과 수비의 동작을 구현할 수 있는 커맨드 입력시스템은 출시 당시부터 매우 획기적이어서 순식간에 게이머들의 주목을 받았다. 그러자 모든 격투 게임은 커맨드 입력시스템을 따라할 수밖에 없었다. 캡콤은 이것을 특허신청하기로 했다. 기술사용료만 하더라도 엄청난 수익을 안겨줄 게 불 보듯 뻔했기 때문이었다. 그러나 정작 이것을 개발한 니시타니 아키라는 이를 거부한다. 다른 게임 업체를 제약하면 더 좋은 게임이 나오지 못할 수도 있다는 이유 때문이다. 캡콤은 속이 탔다. 눈앞에 있는 막대한 수익을 포기하라는 것과 진배없는 니시타니 아키라의 결단을 말릴 수가 없었던 것이다. 결국 캡콤은 특허출원을 포기하고 만다.

그러나 캡콤의 특허출원 포기는 또 다른 이익을 가져다주었다. 캡콤이 특허를 포기하자 게임 개발 업체들이 너도나도 관련 게임을 만들어 출시하면서 대전 격투 게임의 부흥을 불러왔다. 그 결과 시장은 팽창했으며 캡콤은 시장 점유율 90퍼센트라는 경이적인 성장을 이루었다.

버릴 줄 알아야 더 큰 것을 얻을 수 있다. 만약 캡콤이 고집을 부려 억지로라도 특허를 냈다면 당장의 이익은 얻을 수 있었을 것이다. 그러나 대전 격투 게임에서 경쟁자가 없었다면 '공진화' 과정을 겪지 못했을 것이고 독불장군처럼 있다가 자멸했을 수도 있다. 진화는 경쟁과 공존이 있어야 가능하다.

닌텐도 진화의 핵심 키워드
: 진화의 열쇠, 흐름은 맞서는 게 아니라 타는 것이다

야마우치는 게임기 시장이 16비트로 넘어가자 패미콤도 업그레이드를 결정한다. 16비트 패미콤의 개발을 맡은 우에무라는 느긋하게 작업에 임한다. 세가와 NEC가 16비트 게임기를 내놓았지만 8비트 패미콤과 관련 소프트웨어는 여전히 잘 팔리고 있었던 것이다.

그러나 언제까지 느긋하게만 있을 수는 없었다. 게임기의 진화가 이루어진 마당에 과거의 방식과 장비만 고집한다면 한순간에 뒤로 밀려나버릴 수밖에 없다. 이를 잘 알고 있었던 우에무라는 16비트 패미

콤, 즉 '슈퍼패미콤'을 개발하되 몇 가지 기술적인 원칙을 고민한다.

우선 16비트 패미콤은 기존의 8비트 패미콤과 완벽한 호환을 하기엔 많은 무리가 따랐다. 수많은 게임 타이틀을 일일이 호환하려면 그만큼 게임기의 제작 사양이 높아질 우려가 있었다. 그는 과감한 결단을 내린다. 인류 역사에서 기술의 발전과정을 보면 점진적이다가 어느 한순간 갑자기 패러다임 자체가 바뀔 때가 있다. 바로 이전 기술과의 호환을 거부하면서 급격한 기술 발전이 이루어지는 것이다. 더욱 좋은 마차를 몰기 위해 바퀴를 매끄럽게 다듬고, 본체의 충격을 덜 느끼게 하는 등 아무리 공을 들여 만들었다 하더라도 마차는 자동차와는 메커니즘 자체가 다르다. 그런데 마차와 자동차의 호환을 고려한다며 자동차에 뭔가 장치를 한다는 것은 누가 봐도 어리석은 짓이다.

우에무라 역시 이 교훈을 그대로 적용했다. 그는 16비트 마이크로프로세서를 최대한 활용하는 쪽으로 방향을 잡았다. 음향과 영상이 고도로 구현될 수 있도록 했고, 소프트웨어가 처리했던 기능 일부를 하드웨어가 담당할 수 있도록 하는 등 하드웨어의 효율화에 만전을 기했다. 이렇게 개발된 '슈퍼패미콤'은 마치 차세대 VCR을 본뜬 것처럼 세련된 모습을 갖췄다. 모서리를 둥글게 처리하고 회색으로 색을 입혔다.

하드웨어의 개발이 끝나자 이제 게임기에 날개를 달아줄 게임 소프트웨어에 집중했다. 야마우치는 아무리 뛰어난 하드웨어라도 그것을 가지고 즐길 만한 게임이 없다면 아무 소용이 없다는 것을 잘 알고 있었다. 그는 미야모토를 불러 슈퍼패미콤과 찰떡궁합을 보여줄 게임 개발을 지시한다. 미야모토는 여전히 인기가 높았던 슈퍼마리오를 16비트 게임기에 맞게 진화시키기로 결심하고 '슈퍼마리오4'를 개발한다.

경쟁 업체보다 뒤늦은 1990년에 나온 슈퍼패미콤은 출시된 지 6개월 만에 200만 대를 판매하였고, 1년 동안 500만 대에 가까운 판매고를 올리며 가뿐히 16비트 게임기 시장을 석권한다.

슈퍼패미콤과 슈퍼마리오4의 성공은 단지 운이 좋았던 것도 아니고, 시장의 지배적인 위치에 있었기에 거저 얻은 결과물도 아니다. 닌텐도는 변화의 흐름을 예의주시하며 진화의 최적 시기를 기다렸다. 섣불리 대응하지도 않았고, 넋 놓고 기다리거나 자만심에 빠져 무시하지도 않았다. 그들은 그동안 추구해왔던 쉽고 재미있는 게임을 즐길 수 있도록 게임기를 만들어야 했다. 그러기 위해서 그들의 경쟁상대가 뛰어난 기술력으로 16비트 게임기를 가지고 나왔을 때도 단지 기술의 완벽함으로 승부를 걸지 않았다. 그보다 새로운 흐름에 자연스럽게 적응하려고 했다. 16비트의 게임기 시대에 발맞추며 진화하되, 기존 고객들이 겪을 수 있는 불편함을 최소화했다. 고객들이 친숙하게 여기는 슈퍼마리오의 새로운 버전과 조작하기 쉬운 게임기의 등장은 외형적으로 화려한 그래픽과 영상을 보여주기에도 손색이 없었다. 고객들은 무엇보다 가장 중요한 재미를 느낄 수 있었다.

진화는 적응이 전제되어야 한다. 새로운 환경, 변화한 환경에 적응하기 위해 진화하는 것이다. 닌텐도의 진화는 적응을 위한 진화였고, 고객들 역시 닌텐도의 진화에 맞추어 적응하면서 진화했다. 이런 닌텐도의 진화 공식은 지금까지의 위기를 극복한 지렛대였다. 이것은 앞으로 다가올 커다란 위기와 슬럼프를 이겨낼 수 있는 비법이기도 하다.

120여 년에 가까운 기업 경영은 결코 쉬운 일이 아니다. 닌텐도와 경영자들은 화투부터 시작하여 늘 새로운 것을 창조하였다. 그러나 그것은 '나만의 발명품'이 아니라 사람들과 환경에 철저히 적응하면서 발전한 것이었다. 기술의 완벽함에 도취되지 않았던 닌텐도는 고객과의 상호 적응에 최선을 다했고 함께 진화하였다.

닌텐도의 진화는 쓸데없는 욕심을 부리지 않으면서 진행되었다. 자신들이 가지고 있지 않는 부품은 아웃소싱으로 해결하였다. 모든 것을 다 보유하기 위해 공룡으로 성장하지도 않았다. 그렇게 몸집을 불리면 멸종의 위기만 기다릴 뿐이란 것을 잘 알고 있었다.

그들의 진화는 돌연변이처럼 느닷없이 나타난 것이 아니었다. 트럼프 카드의 캐릭터 도입과 휴대용 게임기, 슈퍼마리오 등 닌텐도의 신제품은 늘 창의성의 대표적인 사례로 꼽히지만 이 제품들을 살펴보면 완전히 무에서 유를 창조한 것은 아니었다. 오히려 사람들에게 익숙한 것들에서 모티브를 따와 조합한 결과물이다. 휴대용 전자계산기에서 착안한 게임&워치도 완벽한 기술력보다 아이디어와 친숙함이 돋보인 제품이었다. 이 친숙함에 사람들은 닌텐도의 제품을 구매한다. 닌텐도는 고객과 자신들을 '상호 적응'하는 진화, 즉 '공진화'의 관계로 보고 발걸음을 함께, 혹은 반 발짝만 앞서 나간 것이다.

세계인을 즐겁게 한 게임기

슈퍼패미콤

패미콤의 후속작으로 우에무라가 1990년에 개발하여 판매한 가정용 게임기이다. 기존의 패미콤에 비해 영상과 음향 처리 능력이 한층 향상되었다. 당시 최고 사양인 16비트 리코 5A22 CPU를 탑재하였고, 닌텐도는 2세대 16비트 게임기 시장에서도 여전히 지배적인 위치를 고수할 수 있었다.

NEC 터보 그래픽스

NEC가 닌텐도를 겨냥하고 발매한 가정용 게임기이다. 'PC엔진'이란 이름으로 알려진 이 게임기는 화려한 그래픽으로 512개의 색상과 빠른 처리속도를 자랑했다. 1988년에 발매되어 16비트 게임기 시장을 연 주역이다. 메인 프로세서는 8비트였지만 뛰어난 그래픽 프로세서로 16비트의 효과를 보여주었다. R-타입, 갤러그, 드래곤 스피리츠 등 전용 게임을 가지고 있었으나 확실한 킬러 콘텐츠가 부족했다.

세가 제네시스

세가에서 만든 게임기 역사상 최초의 진정한 16비트 게임기이다. 8비트 게임기 시장을 주도하던 패미콤의 시대를 막 내리게 한 주역이기도 하다. 우리나라에서 '메가 드라이브'로 알려진 이 게임기는 빠른 스피드와 대용량의 저장공간을 자랑한다. 게임기 출시 후 9년 동안 총 1,200개의 게임 타이틀을 가지게 됐다.

5장

살아남은 자가 강자다

다윈의 진화론을 이야기할 때

가장 많이 언급되는 것이

바로 '생존의 법칙' 이다.

"이 지구상에 살아남은 동물은

가장 힘이 세거나 덩치가 큰 것이 아니다.

변화에 민감하게

대응한 것만이 살아남는다."

다윈의 이 최적자 생존의 법칙은

상품의 진화 과정과도 같다.

NinTenDo

소니의 도전 I
: 소니의 전략적 제휴의 수를 읽다

 소니는 1980년대 초반까지만 해도 아날로그 가전 분야에서 세계 최정상의 자리를 차지하고 있었다. 워크맨의 신화를 만들어낸 것을 비롯하여 TV, 오디오, 심지어 로봇산업까지도 리더로서의 막강한 영향력을 발휘한다. 소니의 아성은 난공불락으로 여겨질 만큼 튼튼했다. 하지만 오래된 제국의 역사는 쇠락의 길에 접어들기 마련이다. 당연한 수순으로 소니는 자신의 영토를 더욱 넓히고 제국의 영광을 다시 살리기 위해 시선을 바깥으로 돌리기 시작한다.
 물론 처음부터 제국 확장의 길이 순탄치만은 않았다. 소니는 아날로그 가전 분야에서 제왕의 위치에 있었던 터라 새로운 분야로의 진출은 낯설었다. 사업 부진에도 불구하고 아날로그 가전은 여전히 넓은 시장을 형성하고 있었고 이런 상황은 컴퓨터나 게임기, 디지털 가전으로 사업을 확장하는 데 장애가 되었다.

혁신이나 도전을 하려면 어느 정도의 기득권은 포기해야 한다. 하지만 소니 경영진은 워크맨과 브라운관 TV의 성공을 담당한 주역들이었기 때문에 아날로그 기술에 대한 자부심이 매우 컸다. 그 자부심은 새로운 것을 받아들이는 데에 커다란 벽으로 존재했다. 소니의 경영진은 디지털 기술을 새로운 시장에 진입하는 도구로 생각하기보다 기존의 아날로그 기술을 위협하는 경쟁요소로 생각했다. 이런 판단 착오는 회사의 미래보다 현재 기득권만을 생각하는 관료주의가 되어 회사 전체를 억누르고 있었다.

그러나 이런 압력에는 당연히 반대 의사를 가진 사람들이 생기기 마련이다. 소니의 구타라기 겐은 아날로그에서 디지털로의 전환을 주장하며 게임기 시장으로의 진출을 역설한다. 물론 경영진을 비롯한 많은 사람들이 반대했지만 구타라기는 포기하지 않고 계속 게임기 분야로의 진출을 모색한다. 경영진에게 게임기 시장 진출을 설득하려면 실적을 보여줘야 했다.

그는 우선 닌텐도에게 슈퍼패미콤 개발에 FM 방식의 사운드 채택을 제안한다. 소니 제품을 납품하는 영업부터 한 것이었다. 닌텐도는 이 제안을 수락하고 슈퍼패미콤에 소니의 사운드 칩을 장착하였고,

이것이 6,000만 대가 넘게 팔려나가자 소니의 경영진도 점차 생각이 바뀌었다. 슈퍼패미콤이 많이 팔릴수록 사운드 칩의 수요는 늘어났고 소니의 이익도 그만큼 늘어났다. 이 일을 계기로 소니는 게임 시장의 무한한 성장 가능성에 대해 전향적인 자세를 가지기 시작한다.

소니의 제국 확장은 점차 속도가 붙기 시작한다. 구타라기는 이제 한 차원 더 높은 것을 닌텐도에게 제안한다. 닌텐도와 소니가 게임기를 공동으로 개발하자고 제안한 것이다. 소니로서는 게임 시장과 관련한 노하우가 전혀 없었던 상황에서 가장 안전한 길을 선택한 셈이었다. NEC의 실패에서 알 수 있듯 게임기를 만들 줄 안다고 무조건 성공한다는 보장은 없었다. 소니로서는 게임 시장의 1위 업체인 닌텐도로부터 많은 것을 배워야 할 뿐만 아니라 최대한 손실 없이 시장으로 진입해야 했다.

구타라기는 CD-롬ROM 게임기를 공동 개발하자고 제안했다. 카트리지 방식의 슈퍼패미콤에 CD-롬을 연결해서 사용할 수 있게 하자는 이 제안은 닌텐도로서도 매우 구미가 당기는 것이었다. 슈퍼패미콤 본체의 판매를 촉진시켜 줄 수 있는 기회로 여겼던 야마우치는 흔쾌히 이 제안을 수락하고 공동개발에 착수한다.

그런데 갑작스런 이변이 일어났다. 양사의 공동개발 소식을 공개적으로 알리기 직전, 갑자기 닌텐도가 필립스와 함께 CD-롬 게임기를 개발한다고 발표해버린 것이다. 당연히 소니는 발칵 뒤집어질 수밖에 없었다. 소니는 계약 위반이라며 항의했으나 닌텐도는 요지부동이었다. 소니와 필립스의 CD-롬 게임기는 각각 다르기 때문에 상관없다며 별다른 조치를 취하지 않았다.

닌텐도가 이런 억지스러운 상황을 연출한 나름의 이유가 있었다. 소니가 처음 공동개발을 제안할 때만 하더라도 닌텐도는 소니의 속내를 의심하지 않았다. 말 그대로 닌텐도와 소니의 윈윈 관계 구축으로 생각했었다. 각각의 기술이 결합되고 슈퍼패미콤의 활용도가 높아지면 누가 보더라도 닌텐도에게 이익을 가져다줄 것이기 때문이었다. 그러나 소니가 공동개발을 제안한 이유가 본격적인 게임기 시장 진출을 위한 포석임을 알게 되자 상황은 180도 바뀐 것이다.

소니로서는 닌텐도의 속내를 알 수 없었지만 공동개발이 난항을 거듭하자 더 이상 참을 수 없었다. 경영진은 닌텐도와 구타라기를 성토하기 시작했다. 소니의 오가 노리오 회장은 닌텐도에게 본때를 보여주라며 구타라기와 그의 팀을 소니 본사가 아닌 소니 뮤직으로 보내서 게임기 개발을 지시한다. 본사 임원들에게 시달리지 말고 개발에만 전념하라는 배려이자 닌텐도에게 제대로 복수하겠다는 의지의 표현이었다. 제국의 확장이라는 비즈니스 목표와 더불어 닌텐도와의 감정싸움까지 끌어안은 소니는 본격적인 게임기 개발에 착수한다.

전략적 제휴라는 명목으로 많은 기업들이 손을 잡지만 이것은 말 그대로 윈윈이어야 한다. 자칫 상대방의 속내를 모른 채 덥석 손을 잡았다가는 낭패를 보기 십상이다. 전략적 제휴는 상대의 핵심 역량을 필요로 하는 것이지 실질적인 공유는 아니다. 핵심 역량은 차별화의 원천이자 기업의 생존 수단이기에 함부로 노출하거나 전수해서는 안 된다. 이로 인해 자멸의 지름길로 갈 수 있기 때문이다. 또한 전략적 제휴를 할 때는 그 목적을 분명히 하고, 자사 핵심 역량을 고스란히 보존하며 공동 이익을 꾀해야 한다.

당시 닌텐도와 소니의 전략적 제휴는 결국 소니에게만 좋은 결과를 줄 것이었다. 하마터면 닌텐도는 자사의 핵심 역량과 노하우를 고스란히 소니에게 노출할 뻔했다. 물론 '적과의 동침'이라고 불릴 정도로 경쟁 기업 간의 전략적 제휴도 활발한 이 시대에 무조건 대문을 걸어 잠그고 있을 수는 없다. 그러나 단기적인 이익 때문에 섣불리 전략적 제휴를 맺어서는 안 된다. 원칙과 목적을 분명히 한 후 핵심 역량의 보존 등도 충분한 검토해야 한다. 더불어 상대방의 수를 읽는 것도 아주 중요하다.

야마우치가 좀더 일찍 소니의 수를 읽었더라면 감정적인 대립까지는 가지 않았을 것이다. 물론 게임기를 비롯한 디지털 시장으로 진출을 꾀하던 소니의 움직임 자체를 막을 수는 없었을 테지만 말이다.

소니의 도전 Ⅱ
: 살아남기 위해 자신을 깨부수다

소니의 반격은 절치부심하며 복수를 준비하는 자처럼 치밀하게 전개되었다. 게임기 시장은 여전히 16비트 게임기가 대세였는데, 소니는 특유의 기술력으로 게임기 시장의 재편까지 노리며 새로운 상품을 내놓는다.

소니가 만든 32비트 게임기는 1995년 시카고 가전제품 박람회에서 모습을 드러냈다. 전 세계 게임기 시장을 강타할 그 게임기가 바로 '플레이스테이션'이었다. 플레이스테이션의 돌풍은 대단했다. 32비트 마이크로프로세서에 680메가바이트까지 저장할 수 있는 플레이스테이션은 전 세계에 1억 대가 넘게 팔렸다.

소니와 구타라기는 닌텐도의 비즈니스 전략과 상반된 행보를 취하지만 플레이스테이션의 등장 자체는 아이러니하게도 닌텐도의 성공공식과 매우 닮았다. 새로운 게임기만 들고 나온 것이 아니라 게임의 패러다임 자체를 바꾸어버린 것이다. 후발주자가 주도권 잡기란 쉽지 않다. 주도권은커녕 계속 선두업체의 뒤꽁무니만 따라다니다가 소리 소문 없이 사라지는 경우가 많다. 소니는 후발주자가 시장의 주도권을 잡으려면 결국 판 자체를 엎어야 한다는 것을 알았다.

소니의 전략은 주효했다. 사양이 높은 만큼 기존 게임보다 훨씬 더 뛰어난 품질을 보여줬으며, 무엇보다 기존의 2D 게임에서 입체감이 풍부한 3D 게임의 막을 열었던 것이다. 소니가 처음 게임기 시장 진출을 선언할 때만 하더라도 기존의 게임 업체들뿐 아니라 언론마저도 시큰둥한 반응이었다. 그러나 3D 그래픽으로 공룡 티라노사우르스가 움직이는 모습을 본 사람들의 반응은 경악 그 자체였다. 이것을 본 게임 개발자들은 언제 그랬냐는 듯 회의적인 시선을 거두고 너도나도 플레이스테이션을 위한 게임 개발에 참여한다.

천하의 소니가 아이들 장난감을 만들 수 없다며 게임기 개발에 반대했던 경영진은 오히려 구타라기의 플레이스테이션 덕분에 기사회생할 수 있었다. 소니는 1990년대 중반까지 슬럼프에 빠져 있었다. 가전제품의 디지털화에 적극적으로 대응하지 않고 영화나 음반 등 할리우드에 진출했다가 막대한 손해만 입고 있었다. 컴퓨터, 휴대전화 등 새로운 분야로 진출할 수 있는 기회마저도 '근엄한 소니의 이미지'에 얽매여 아날로그 전통만 고수하다가 놓쳐버렸다. 그런데 플레이스테이션이 돌파구를 열어준 것이다.

이것은 닌텐도에서 야마우치가 3대 회장으로 취임하면서 인스턴트 식품, 숙박, 택시 등 기존의 사업과 전혀 상관없는 비즈니스에 뛰어들어 낭패를 겪은 후, 게임으로 성공한 것과 비슷했다. 결국 소니 역시 전자제품이라는 자신들의 '업'에 충실하면서 기존 역량을 극대화하고, 관련 분야의 새로운 미래를 받아들였던 것이 성공의 비결이었다.

지금까지는 경쟁자의 등장 덕분에 시장이 커진다는 장점이 있었다. 그러나 소니의 등장은 남달랐다. 특히 소니가 가진 역량을 감안한다면 위기감의 강도는 높을 수밖에 없었다. 소니는 뛰어난 기술력뿐 아니라 게임 관련 분야와의 네트워크도 탄탄했다. 소니뮤직과 콜롬비아 영화사 등 콘텐츠와 엔터테인먼트 요소를 제공받는 데 부족함이 없었던 것이다. 소니의 부진을 일시에 해결한 플레이스테이션은 제국의 영역을 더욱 넓힌 개선장군이 되었다. 이런 소니의 도전을 닌텐도가 반가워할 리 없었다.

소니는 게임 산업의 지각을 뒤흔드는 위력을 발휘하며 급속도로 시장을 재편하였다. 세가와 NEC의 도전을 물리치며 일등 자리를 고수했던 닌텐도는 멀고 험난한 싸움을 시작한다. 게다가 닌텐도를 더욱 곤혹스럽게 한 것은 소니가 닌텐도의 약점을 쥐고 있다는 사실이었다. 슈퍼패미콤에 내장된 소니의 사운드 칩은 없어서는 안 될 핵심 부품이었다. 이 칩의 성능을 100퍼센트 활용하려면 소니의 기술력이 절대적으로 필요했다. 닌텐도로서는 뼈아픈 상황이었지만 월등한 소니의 기술력을 따라가지 못해 고스란히 당할 수밖에 없었다.

플레이스테이션의 성공에 고무된 소니는 잇달아 '플레이스테이션 2'를 내놓으며 닌텐도를 비롯한 기존의 게임 업계를 거의 초토화하다시피 제압하였고, 게이머들은 새로운 게임의 아이콘으로 떠오른 소니의 제품에 환호를 질렀다.

닌텐도는 과거의 영광을 그리워하며 역사의 뒤안길로 사라질 것인가, 아니면 다시 왕좌를 되찾기 위해 반전의 기회를 노릴 것인가의 갈림길에 섰다. 당연히 후자였겠지만 반전의 기회는 말처럼 쉽게 찾아오지 않는다.

창업보다 어려운 것이 수성이다. 1위의 자리를 차지하기 위해서는 오로지 일등만 바라보고 노력하면 됐지만 반대로 1위가 된 후부터는 사방에서 덤벼드는 라이벌에 둘러싸여 외로운 싸움을 할 수밖에 없다.

이와 같이 패기만만한 후발주자들이 무섭게 치고 올라올 때 과거의 영광은 자칫 족쇄가 되기 쉽다. 수성의 제1원칙은 자신을 부정하는 것에서 시작된다. 한순간이라도 과거의 환경과 방식에 머물러 있다면 도태될 수밖에 없는 것이 비즈니스 세계다. 줄곧 게임 업계를 선도하는 위치에 있었던 닌텐도마저 소니의 등장으로 한순간에 나락으로 떨어져버렸다.

진화의 과정에서 멈춤이란 있을 수 없다. 판세를 읽고 생존하기 위해 무엇을 바꿔야 할지 끊임없이 고민하며 진화를 거듭해야 한다. 그것도 아주 빠른 속도로! 닌텐도는 별동대인 개발자들과 야마우치에 의해 늘 변화와 창조를 꾀했지만 소니의 속도를 따라잡지 못했다. 이처럼 추월은 한순간이다. 제때 진화하지 못하면 빙하기에 얼어 죽은 공룡 꼴이 될 수 있다.

"여러분이 담당하고 있는 비즈니스를 깨뜨려라. 변화 아니면 죽음

뿐이다. 회사 안에서의 변화보다 회사 밖의 변화 속도가 빠르면 그 기업은 종말에 도달한 것이다"라는 잭 웰치 전前 GE 회장의 살벌한 경고는 스스로의 변화, 그리고 발 빠른 진화만이 기업의 살 길임을 강변한 것이다. "살아남으려면 스스로를 잡아먹는 노력이 필요하다"는 필립 코틀러의 말 역시 줄곧 게임 업계를 선도하는 위치에 있었던 닌텐도가 반드시 새겨들어야 할 말이었다.

소니에게 속수무책으로 당하다
: 강점은 강화하고 약점은 보완한다

소니는 기술 완벽주의를 외치며 달랑 플레이스테이션 하나만 들고 무작정 시장에 뛰어든 것이 아니었다. 구타라기와 동료들은 닌텐도를 면밀히 주시한 결과, 굳건하게만 보였던 닌텐도의 아성에 미세한 균열이 있음을 알아챈다. 그것은 바로 게임 카트리지와 라이선스 정책에 있었다. 약점을 발견한 소니는 집요하게 물고 늘어졌다.

닌텐도는 롬ROM이 내장된 카트리지 방식을 줄곧 고수하고 있었다. 대용량 게임을 담을 수 있는 CD-롬을 사용하지 않은 이유는 나름의 타당성이 있었다. 용량에 신경 쓰기보다는 빠른 게임 실행을 위한 로딩 속도에 주목하여 게임의 흐름이 끊기는 것을 방지하겠다는 의도였다. 이렇게 플레이스테이션을 견제하기 위해 출시했던 64비트 게임기 '닌텐도64'에 맞추어 서드파티가 소프트웨어를 개발하려면 상당히 높은 수준의 기술력이 필요했다. 닌텐도 전용 게임을 개발하던 서드파티는 당연히 개발에 대한 부담을 느꼈다.

서드파티는 비단 개발에 대한 부담 외에도 평소 닌텐도의 비즈니스 정책에 대해 본질적인 문제제기를 하고 있었다. 닌텐도는 '아타리 쇼크'에서 배운 교훈을 절대 잊지 않고 강력한 문단속을 실행했다. 닌텐도는 라이선스 정책을 통해 서드파티에 대한 통제권을 확실히 쥐고 일일이 게임에 대해 간섭했다. 닌텐도의 기준에 맞지 않으면 출시 자체가 어려웠다. 더군다나 닌텐도는 위탁생산까지 도맡아 했기 때문에 서드파티의 불만은 점점 커져갔다.

이런 정책은 질 좋은 게임 생산과 유통구조를 명확히 해서 게임 시장의 질서를 유지하겠다는 의지의 표현이자, 시장에 대한 지배권을 공고히 하겠다는 닌텐도의 전략적 판단이었다. 하지만 서드파티의 불만은 갈수록 높아졌다. 위탁 생산에 이어 게임 카피당 과도한 수수료를 지불해야 하는 구조를 장기적으로 감당하기란 힘들었다. 그러나 닌텐도 왕국이 지배하는 게임 산업에서 살아남으려면 어쩔 수 없이 라이선스 정책에 동의해야만 했다. 소니는 빗장이 굳게 닫힌 게임 산업의 문을 열기 위하여 시장을 주의 깊게 분석한 결과, 이런 서드파티의 불만을 감지했다. 그리고 확실한 게임 소프트웨어 없이 게임 산업에 뛰어든다는 것은 총알 없이 총만 들고 나가서 싸우는 것과 마찬가지라는 것도 NEC의 사례를 통해 깨달았다. 소니는 서드파티를 자신의 우군으로 만들 수 있는 정책을 꺼내들어야만 성공할 수 있다는 결론을 내렸다.

소니의 등장은 서드파티의 족쇄를 풀어주는 계기가 되었다. 닌텐도의 라이선스 정책을 겨냥하여 새로운 게임 제작과 유통 환경을 만들어 닌텐도를 고립시키려는 소니의 전략과 서드파티의 이해관계가 맞아 떨어진 것이다. 소니의 구타라기는 닌텐도 전용으로 만들어지던 유명 게임 소프트웨어를 '플레이스테이션'용으로 돌리기 위해 일본뿐 아니라 전 세계를 돌아다녔다. 그리고 닌텐도의 라이선스 정책에 따른 문제점을 극복할 수 있는 소니의 정책을 공개하고, 인센티브 지급 등 대대적인 서드파티 지원 방안을 제시한다. 소니의 정책은 여러모로 서드파티의 입맛에 맞았다. 닌텐도가 고집하는 카트리지보다 적은 비용으로 생산할 수 있었고 게임 카피당 낮은 수수료를 지급하는 등 모든 면에서 기존의 라이선스 정책을 고집하던 닌텐도에 비해 여건이 훨씬 나았다.

소니의 물밑 작업은 서서히 성과를 드러냈다. 서드파티들은 닌텐도로부터 벗어날 수 있는 절호의 기회임을 깨닫고 엑소더스처럼 탈출을 감행한다. 특히 '드래곤 퀘스트Dragon Quest'와 '파이널 판타지Final Fantasy 7'등 기존 닌텐도의 인기 게임이 플레이스테이션 대열에 합류하게 된 것은 닌텐도에게 결정타를 입혔다. 서드파티의 추가 이탈뿐만 아니라 게이머들마저 소니로 줄을 서게 만들었기 때문이다. 닌텐도가 입은 치명상은 이뿐만이 아니었다. 소니는 서드파티의 유인정책에 이어 유통구조마저도 닌텐도와 전혀 다른 방식을 취한다. 닌텐도는 게임을 완구점이나 컴퓨터 판매점에 공급했지만 소니는 좀 더 많은 사람들이 접할 수 있도록 레코드점이나 편의점까지 판매를 확대했다.

닌텐도의 위기를 알리는 적신호는 여기저기서 터져나왔고, 소니의 침공을 알리는 사이렌 소리는 요란하기만 했다. 그러나 야마우치는 "4만 엔이나 하는 게임기는 장난감이라고 부를 수 없다. 소니의 플레이스테이션이나 세가의 '새턴'이 100만 대 이상 팔린다면 나는 자리에서 물러나겠다"며 애써 경고를 무시한다. 그러나 야마우치의 호언장담과는 달리 플레이스테이션은 승승장구를 거듭한다.

소니의 맹공은 멈출 줄 몰랐고, 닌텐도는 속수무책이었다. 결국 플레이스테이션이 시장에 등장한 지 1년 6개월 만에 승부는 판가름 났다. 전 세계에 1억대 넘게 판매한 플레이스테이션이 1위 자리에 등극하고, 닌텐도의 대응 기종인 '닌텐도64'는 2위에 머물고 만다. 닌텐도가 이렇게 쉽게 무너지리라곤 누구도 예상하지 못했지만 소니는 닌텐도의 아성을 보란 듯이 무너뜨렸다.

소니의 전방위적인 공세로 인해 닌텐도는 주도권을 상실하고 소니의 뒤를 쫓는 신세가 되고 말았다. 닌텐도는 뒤늦게 16비트 게임기와 기존의 슈퍼마리오의 약점을 보완한다며 '닌텐도64'와 '슈퍼마리오64'를 출시하는 등 방어에만 급급했다. 자신만의 장점을 부각시키지 못하고 상대방의 페이스에 말려들어가면서 우왕좌왕한 것이다.

세가나 NEC가 닌텐도를 타도하겠다며 승부를 걸었던 점은 기술력이었고, 닌텐도는 단지 기술력만으로 게임 산업에서 승부를 거는 것이 악수惡手임을 증명해 보였다. 그러나 소니의 무차별적인 공세 앞에서 역설적이게도 닌텐도가 그 악수를 꺼내들었던 것이다.

굳이 고성능의 게임이 아니어도 재미만 있으면 된다는 닌텐도만의 철학이자 고집은 사라져버렸다. 소니의 기술력에 똑같이 기술력으로 대응했던 닌텐도는 애초부터 이길 수 없는 전투를 한 셈이었다. 비록 소니가 아날로그 가전에서 잔뼈가 굵었다고 해도 전자기술의 노하우는 당대 최고였기 때문이다. 닌텐도는 급격하게 무너지는 라이선스 정책도 제대로 수습하지 못하고, 게임기의 기술력 또한 따라잡지 못한다. 오히려 소니야말로 닌텐도가 추구했던 하드웨어와 소프트웨어의 환상적인 조합으로 시장을 단숨에 장악하고 말았다.

닌텐도는 곳곳에서 무너지는 약한 고리에 미련을 두기보다 그들의 장점이자 기업 철학인 '쉽고 재미있는' 게임에 집중하고 새로운 패러다임을 수용하며 기존 경영전략을 수정해야 했다. 약점보다 장점을 더욱 강화했어야 옳았다.

'강점이론Strength theory'은 자신의 약점에 연연하기보다 강점을 극대화하는 것이 더 효율적이라는 이론이다. 탁구 강국 중국의 훈련방식은 '강점이론'의 효과를 잘 보여준다. 한 기자가 1984년 LA올림픽에서 금메달을 딴 중국의 코치에게 훈련 비결을 묻자, "하루에 8시간씩 강점을 강화한다"고 대답했다. 무슨 뜻이냐고 다시 묻자 "강점을 강화하여 약점까지 보완하는 것이다. 우리 팀의 에이스는 포핸드에 강하지만 백핸드에 약하다. 이런 사실은 상대팀도 다 아는 사실이다. 그러나 백핸드를 보완하는 대신 포핸드를 더욱 강하게 할 수 있도록 훈련을 했다. 결국 포핸드의 큰 위력 때문에 아무도 그의 약점을 공략하지 못했다"고 대답했다.

약점은 관리의 대상일 뿐이다. 강점을 강화해서 약점을 보완하는 것이지, 약점 자체에 매달려 시간낭비를 해서는 안 된다. 빠른 속도로 덤벼드는 경쟁자를 눈앞에 두고 약점을 보완할 시간적 여유는 없다. 소니는 닌텐도가 자신의 약점을 생각하고 보완할 시간을 결코 허락하지 않았다. 이런 소니의 공세에 닌텐도는 중심을 잡지 못하고 급속도로 무너져버렸다. 소니가 차세대 게임기를 들고 나오자 기술력이 약점인 닌텐도가 '업그레이드된 게임기'로만 대응하려던 것이 바로 패착이었다.

약점은 더 큰 리스크로 발전되지 못하도록 관리하면 된다. 약점 자체를 극복하려기보다 장점을 더욱 크게 부각시키는 것이 가장 효율적인 전략일 수 있다. 그러나 닌텐도는 자사의 강점마저 살리지 못하고 속절없이 패배를 받아들여야만 했다.

또 다른 경쟁자, 마이크로소프트의 등장
● 변화의 흐름을 감지하지 못 하면 도태된다

소니에게 굴욕적으로 1위 자리를 내준 닌텐도는 엎친 데 덮친 격으로 또 다른 경쟁자의 출현 때문에 창사 이래 최대의 위기에 직면한다. 소프트웨어 분야 최강자인 마이크로소프트가 게임기 시장에 뛰어든 것이다. 닌텐도는 예전부터 미국 기업을 상대로 경쟁해왔지만, 소니에 이어 이종 업계의 또 다른 최강자가 그들만의 핵심 역량과 노하우를 들고 닌텐도의 영역에 들어와 판을 흔들어놓은 것이다. 동종 게임 업체들이 함께 부대끼며 서로에 대해 속속들이 알고 경쟁하는 것과는 달랐다.

소니와 마이크로소프트는 게임 업계의 지존인 닌텐도의 장점과 약점을 치밀하게 분석하고 덤벼들었다. 그러나 닌텐도는 이종 업체인 소니와 마이크로소프트에 대해 이렇다 할 대응 전략이 없었다.

사실 닌텐도의 이런 반응은 자만이라기보다, 당시 많은 사람들의 예상처럼 '소니와 마이크로소프트의 게임기 시장 참여는 성공하지 못할 것' 이라는 판단에서였다. 기술력만으로 컴퓨터 소프트웨어 전문업체가 게임이라는 영역에 뛰어들어 성공하기는 힘들다. 중요한 것은 콘텐츠다. 하지만 닌텐도의 판단은 보기 좋게 어긋나고 말았다. 소니는 획기적인 게임기뿐만 아니라 게이머들의 시선을 사로잡을 만한 콘텐츠가 담긴 게임 소프트웨어를 함께 들고 나왔기에 성공할 수 있었다.

그런데 마이크로소프트는 무엇 때문에 게임기 산업에 뛰어들었을까? 마이크로소프트는 게임 산업이 또 다른 수익을 안겨주리라는 새로운 욕심으로 게임기를 만든 것이 아니었다. 마이크로소프트의 게임기 산업 진출은 생존을 위한 전략적 판단이었다. 닌텐도가 게임 시장을 지배할 때만 하더라도 게임기는 오락기 영역에서 크게 벗어나지 못하고 있었다. 이런 게임기의 용도가 소니의 등장으로 크게 바뀌었다. 단순 게임기에서 미디어 허브 역할까지 수행하는 첨단 디지털 기기로 거듭난 것이다. 게임기로 DVD를 볼 수 있고, 네트워크까지 연결하여 즐길 수 있게 되자 소니는 마이크로소프트의 경쟁자가 되었던 것이다.

이처럼 컴퓨터를 대체하는 새로운 미디어의 등장은 이미 포화상태에 있었던 PC 시장 영역까지 치고 들어왔다. 이제 컴퓨터가 아니라 플레이스테이션이 안방과 거실을 차지할 기세였다.

컴퓨터나 게임기가 기존의 사무용, 오락용 기기에 머물지 않고 가정에서 각종 매체를 연결해주는 허브로서 자리 잡자 관련 기업들의 치열한 경쟁이 시작되었다. 이 경쟁에서 탈락하면 가정용 멀티미디어 산업의 하청업자로 전락할 수 있기 때문에 마이크로소프트는 전략적으로 대응할 수밖에 없었다. 더 이상 게임기와 PC, TV, DVD 등 가정용 미디어의 경계는 존재하지 않았고, 동종과 이종 업계라는 구분마저 무의미해졌다.

마이크로소프트는 전 세계에 1억 대가 넘게 팔린 소니의 멀티미디어인 플레이스테이션이 자사에게 위협적인 존재라는 사실을 깨달았다. 디지털 컨버전스 시대에 구분의 의미가 없는 멀티미디어 영역에서 세계대전이 벌어질 조짐이 뚜렷하게 보였던 것이다. 나이키가 닌텐도를 경계하는 것처럼 전혀 연관성이 없어 보이는 기업 간에도 경쟁관계가 형성되는 마당에 소니와 마이크로소프트 간의 경쟁은 오죽했을까.

마이크로소프트의 견제는 소니가 닌텐도에게 했던 것과 비슷하게 시작되었다. 빌 게이츠는 오가 노리오의 후임이었던 당시 소니 회장 이데이 노부유키에게 플레이스테이션에 들어가는 운영체제 개발을 마이크로소프트가 담당할 수 있도록 해달라고 제안했다. 한마디로 소프트웨어의 강자인 자사 영역을 인정하고 소니의 하드웨어 영역을 인정해주겠다는 것이다. 사이좋게 각자 영역을 존중하며 고유의 시장 영역을 분할하여 지배하자는 나름의 묘안이었다.

그러나 소니는 빌 게이츠의 제안을 앞뒤 재보지도 않고 거절한다. 하드웨어의 기술력과 더불어 기본 운영체제까지 충분히 만들어낼 수 있다는 소니의 자부심은 굳이 소프트웨어와 하드웨어의 영역을 분할하여 각각 시장을 지배하자는 마이크로소프트의 제안에 혹할 이유가 없었던 것이다. 더군다나 이데이 노부유키는 '디지털 드림 키즈Digital Dream Kids'를 이야기하며, 아날로그 가전업체 비즈니스에서 디지털 비즈니스로의 전환을 강력하게 추진하던 터였다. 또한 하드웨어와 소프트웨어의 융합만이 소니의 미래전략이라고 내세웠고, '변화하는 자만이 진정한 가치를 창조한다'며 새로운 가치 창조에 도전하는 중이었다. 이러한 마당에 아날로그 '굴뚝' 산업이란 과거에 머무르라는 빌 게이츠의 제안이 달가울 리 없었다.

명분이나 이유가 어떻든 소니의 반응은 '승자독식'의 냉정한 생존 논리만이 유일하게 통하는 두 회사 간의 전운을 불러일으켰다. 게다가 소니가 빌 게이츠의 제안을 검토하는 과정에서 다소 감정적인 대립까지 있었다고 한다. 물론 마이크로소프트가 단순히 감정적인 대립 때문에 복수하겠다는 식의 치기 어린 생각으로 게임기 산업에 뛰어든 것은 아니다. 하지만 의도와는 달리 일전을 불사하겠다는 팽팽한 긴장감은 갈수록 고조되었다. 그간 소프트웨어에 치중했던 마이크로소프트가 새롭게 하드웨어에 진출하면서 100억 달러까지 손해를 감수하겠다고 했을 정도니 그 야심이 만만치 않았음이 짐작된다.

　소니와 마이크로소프트 간의 게임기 경쟁은 마치 데자뷰와 같다. 소니가 게임기 산업에 뛰어들면서 닌텐도와 겪었던 과정과 너무나 닮았다. 도전자들이 미래에 대한 예측과 전략적인 판단 능력으로 상대에게 도전했다는 점이 그렇다.

　소니와 마이크로소프트는 변화의 흐름을 읽고 새로운 물결에 재빨리 올라타 순항의 돛을 올렸다. 하지만 닌텐도는 방향을 잡지 못하고 있었다. 선장이 방향을 제대로 잡지 못하면 배는 표류하고 만다.

　"플레이스테이션을 사는 사람들은 게임을 즐기려고 산 것이 아니다. 단지 주변 분위기 때문에 사는 사람일 것이다"라고 애써 폄하하려던 야마우치의 말은 상처 입은 자존심에 대한 변명에 불과했다.

　한 치 앞을 내다보기 힘들 정도로 안개 자욱한 경영환경에서 현재의 위치와 나아갈 방향을 제대로 보지 못하고, 구성원들에게 제시하지 못하면 배는 부지불식간에 산으로 가는 법이다. 마이크로소프트의 합류로 게임기 산업은 3파전이 되었지만 닌텐도는 어느덧 세 번째로 밀려나고 있었다. 다른 두 기업은 변화와 새로운 물결의 방향을 제시하며 나아갔지만 닌텐도는 과거의 영광에만 머물고 있었기 때문이다.

게임 업계는 천국 아니면 지옥이다
: 결단은 빠를수록 좋다

소니의 플레이스테이션이 승승장구하자, 마이크로소프트는 대항마로 '엑스박스'를 출시한다. 바야흐로 게임기 대전이 벌어진 것이었다. 그러나 정작 엑스박스의 등장으로 가장 큰 피해를 본 것은 닌텐도였다. 고래 싸움에 새우등 터지는 꼴처럼 한때 게임 업계의 지존이었던 닌텐도의 꼴이 말이 아니게 되었다. 플레이스테이션이 최강의 자리를 차지하고 있을 때, 닌텐도와 마이크로소프트가 2위 자리를 두고 경합을 벌이게 된 것이다.

닌텐도가 애초에 플레이스테이션을 겨냥하고 출시한 '게임큐브 Game Cube'는 1억 대 이상의 판매기록을 깨지는 못했지만, 파나소닉과 공동으로 개발한 광디스크 채용과 IBM의 마이크로프로세서 장착 등 소니와 마이크로소프트의 경쟁사와 손을 잡은 연합군의 진용으로 야심차게 출발했다. 그러나 닌텐도의 '게임큐브'는 2,000만 대 정도를 파는 데 그쳤다. 엑스박스보다 500만 대 정도 부족한 데다 무엇보다 게임기를 5,000만 대 정도 판매했던 이전 상황과 비교하면 결코 만족스러운 결과는 아니었다. 더군다나 이제 처음 게임기를 만들어 시장에 내놓은 마이크로소프트에게 패배했다는 것은 수치스러운 일이었다.

닌텐도의 앞날에 암운이 짙게 드리우기 시작했다. 게임기의 부진은 게임 소프트웨어의 동반 부진을 가져왔고, 결국 게임기와 소프트웨어 사업을 시작한 후 처음으로 적자 위기에 봉착하였다. 그런데 얼마 후, 닌텐도는 이 위기보다 더 치욕스러운 상황을 맞이하게 된다.

비록 숙적 소니를 꺾지는 못했지만 처음 진출한 게임기 시장에서 단숨에 2위 자리를 꿰찬 마이크로소프트는 어느덧 하향세에 접어든 닌텐도를 M&A하겠다고 나선 것이었다. "닌텐도가 전화한다면 언제든 환영이다"라고 한 빌 게이츠의 발언은 씻을 수 없는 모욕이었다. 게다가 게임 소프트웨어 제작과 유통 분야에서 세계 최고인 EA의 트립 호킨스는 아예 "닌텐도는 마이크로소프트에게 인수당할 것이다"라고 불난 집에 기름을 끼얹고 있었다.

닌텐도는 견디기 힘든 모욕에 분노했지만, 이렇다 할 돌파구를 찾지도 못했다. 시장은 여전히 소니와 마이크로소프트가 주도하고 있었다. 하드웨어뿐 아니라 닌텐도가 그동안 쥐락펴락했던 소프트웨어마저 일본은 소니가, 미국은 마이크로소프트가 양분하고 있었다. 소니는 닌텐도의 라이선스 정책을 공격하며 시장을 장악했다. 마이크로소프트는 비디오 콘솔용 게임보다 PC 게임에 익숙한 게이머들의 성향을 반영해 게임기를 만들었다. 그래서 대부분의 미국 서드파티들은 '엑스박스' 용 게임을 만들었다. 닌텐도는 일시적인 판매부진이 아니라 설 땅이 점점 없어지는 최악의 상황에 직면하게 된 것이다.

성공가도를 신나게 달리다가 순식간에 나락으로 떨어져버리면 대개 당황하거나 현실을 쉽게 인정하지 못하는 경우가 많다. 닌텐도로서도 3위로 밀려나버린 현실을 받아들이기가 쉽지 않았다. 100년의 역사 동안 수많은 경쟁자를 물리쳤고, 때론 자신보다 덩치가 큰 도전자와의 빅매치에서도 이겼던 닌텐도는 도대체 이유를 알 수가 없었다. 연이어 출시한 후속작들은 계속 시장에서 참패를 면치 못했다. 자잘한 기술의 차이나 게임 소프트웨어의 흥행 실패는 금방 만회할 수 있었다. 그러나 그동안 쌓아온 닌텐도만의 비즈니스 질서 자체가 흔들리는 것을 막을 길은 없었다.

일등 기업으로서 가지고 있던 오만함은 자신의 패배와 실수를 용납하기보다 끝까지 과거의 원칙과 방식을 쉽게 포기하지 못하고 고집을 부리게 했다. 화투를 만들던 일본의 지방기업이 100년 넘게 존재하면서 진화를 거듭하고, 마침내 세계 최고의 게임 회사가 되었던 것은 분명 야마우치를 비롯한 리더와 개발자들의 힘이 컸다. 하지만 쉽게 넘볼 수 없는 카리스마로 닌텐도 왕국을 다스렸던 야마우치의 리더십은 이제 시대의 흐름과 조금씩 어긋나기 시작했다. 그 자신이 변화와 혁신, 상상력과 창의성으로 기업을 일구었으면서도 소니와 마이크로소프트의 등장 앞에서는 사뭇 다른 모습을 보였다.

소니가 제휴를 제안했을 때 야마우치는 소니의 의도를 알아차리고 독자적 노선을 선택한 것은 어느 정도 타당성이 있었다. 자신의 노하우를 잠재적인, 그러나 곧 눈앞에 나타날 경쟁자에게 쉽게 내놓을 수는 없는 노릇이었다. 그러나 단지 그것뿐이었다. 잠재적인 경쟁자를 견제하는 것까지는 좋았으나 상대방의 힘을 제대로 파악하지 못한 것이다. 이는 곧 미래에 대한 예측을 올바로 하지 못하고 게임기 산업의 주도권마저 빼앗기는 결과를 낳았다.

당시 야마우치가 소니를 잠재적인 경쟁자로 인식했다면 소니가 가진 역량에 대한 냉철한 분석도 함께 했어야 했다. 자신이 손을 잡아주지 않으면 제대로 걸음조차 못 걸을 것이라 여겼던 소니, 그리고 마이크로소프트는 '란체스터 법칙'을 충실히 따르며 닌텐도의 아성을 무너뜨렸다.

'란체스터 법칙'은 강자가 약자를 이기는 것은 당연한 순리이며, 이기더라도 압도적으로 이기는 것을 말한다. 그런데 이 법칙은 거꾸로 약자가 강자를 이길 수 있는 방법도 제시하고 있다. 우선 전쟁터를 바꾸라는 것이다. 내가 싸우기에 불리한 지형이라면 유리한 곳으로 싸움터를 옮겨야 한다. 만약 전쟁터를 바꾸지 못한다면 무기를 바꿔서 싸워야 한다. 힘이 약한데 똑같은 무기를 가지고 싸울 수는 없는 노릇이다. 소니와 마이크로소프트는 기존 게임기 영역에서 가정 멀티미디어라는 영역으로 싸움터를 옮겼다. 또한 기존 게임기와 소프트웨어를 장악하기 위해 경쟁한 것이 아니라 아예 차세대 게임기와 소프트웨어를 새로운 무기로 들고 나왔다. 그리고 닌텐도가 미처 대응하기도 전에 소프트웨어 제작과 유통 등 시장 전반을 장악해갔다.

닌텐도는 1위의 자리에 있었을 때 '란체스터 법칙'에서 말하는 강자의 법칙대로 확실한 우세를 점한 상태에서 경쟁자들을 눌렀어야 했다. 면도기 시장에서 확고부동의 위치를 지키던 질레트는 후발주자들이 일회용 면도기 시장을 형성하여 위협해오자 과감하게 일회용 면도기 시장에 진출해 자사의 면도기를 위협하는 일회용 면도기 시장마저 장악해버렸다.

닌텐도가 가지고 있던 최고의 능력 중 하나가 시장의 새로운 흐름을 주도한다는 것이었다. 그런데 이 강점으로 후발주자들을 누르기는커녕 오히려 닌텐도의 강점을 빼다 박은 경쟁사들에게 끌려가며 주도권을 빼앗겨버렸다. 게다가 상황이 역전되어 닌텐도가 약자가 되었을 때도 그들은 약자의 승리 공식을 따르지 않았다. 이와 같은 상황에서 야마우치의 리더십마저 흔들리게 된다. 고객의 마음을 꿰뚫어보고 시장조사나 트렌드 분석, 통계에서 빠질 수 있는 함정을 경계했던 그가 다급하게 소니와 마이크로소프트가 재편한 시장 질서에 뒤따라가는 모순을 보이며 연달아 실패하고 있었다.

결단은 빠르면 빠를수록 좋다. 시류에 영합하여 쉽게 입장을 바꾸는 것을 두고 결단이란 표현을 쓰지는 않는다. 결단은 지금까지의 성과마저도 부정할 줄 알아야 할 뿐만 아니라 변화에 대한 적극적인 대응이어야 한다.

실패를 두려워하거나 자책만 한다면 결코 위기를 헤쳐나가는 결단을 내릴 수 없다. 위기를 반성과 배움의 기회로 삼아야 한다. 내부 구성원과 고객 등 커뮤니케이션의 채널을 모두 열어놓되, 뚜렷한 원칙을 정해놓고 의사소통을 해야 한다.

"게임 업계는 천국 아니면 지옥이다"라고 한 야마우치의 고백은 결코 빈 말이 아니었다. 리더십이 흔들린 야마우치는 더 이상 닌텐도의 미래를 책임질 수 없었다. 그는 이제 실패가 아니라 다시 정상으로 도약할 수 있는 결단을 내려야만 했다.

세계인을 즐겁게 한 게임기

닌텐도64

닌텐도가 소니의 '플레이스테이션'에 대항하기 위해 1996년에 만든 게임기이다. 컨트롤러 중앙에 3D 스틱을 채용하는 등 새로운 감각을 보여주었다. 메인 CPU에는 64비트 RISC(리스크) MIPS R4300 커스텀을 채용하는 등 당시로선 첨단적인 하드웨어 구성이었다. 게임 소프트웨어는 '마리오카트 64', '젤다의 전설-시간의 오카리나', '닌텐도 올스타! 대난투 스매쉬 브라더즈', '피카츄 닌텐도64' 등 인기 게임을 발매하였다. 그러나 CD-롬을 사용하지 않고, 카트리지 방식을 계속 고집하여 메모리의 한계와 가격경쟁에서 뒤처질 수밖에 없었다.

소니 플레이스테이션

소니가 2000년에 발매한 플레이스테이션2다. 이 게임기로 소니는 가정용 비디오게임 시장의 주도권을 확실하게 장악할 수 있었다. 외관은 SF 영화 〈2001 스페이스 오딧세이〉에 등장하는 모노리스와 닮았고, 세련된 디자인을 강조했다. DVD-롬 드라이브의 탑재로 DVD 비디오의 재생이 가능하며, PC에서도 사용되는 USB, IEEE1394 인터페이스를 갖추었기 때문에 USB 키보드나 USB 마우스, 마이크를 이용한 게임도 즐길 수 있었다. DVD 재생기로도 사용할 수 있는 'PS2'는 DVD의 보급뿐만 아니라 멀티미디어로서 기능을 확장하였다.

마이크로소프트 엑스박스

마이크로소프트가 개발한 차세대 가정용 비디오 게임기이다. 게임기에 처음으로 하드디스크를 장착하였으며, 웬만한 가정용 PC를 능가하는 성능과 화려한 그래픽을 가지고 있다. 제품 사양이나 발매 전의 기술 데모 등 철저히 '플레이스테이션2'를 겨냥하여 만들었다.

6장

잡종을 활용하다

식물은 언제라도 이질적인 짝을

받아들일 준비가 되어 있다.

새로운 혼합으로 잡종이 만들어지고,

이 잡종이 순혈보다 우세할 수도 있다.

인재를 키울 때 순혈주의만 고집하면

관료주의가 팽배해질 가능성이 크다.

그보다 이질적인 인재를 영입하게 되면

전체 인력의 질이 향상될 수 있다.

특히 순혈주의와 거리가 먼 신인류新人類,

즉 신세대들은 자기 성취 욕구가 강하다.

이들은 자기계발 욕구도 크기 때문에

제대로 지원하고 잘 활용한다면

우수한 인재 양성뿐 아니라

조직 역량도 향상될 수 있다.

NinTenDo

야마우치, 닌텐도의 미래를 생각하다
: CEO는 미래를 만들어가는 선장이다

비록 닌텐도가 위기에 봉착했고 그 책임이 리더인 야마우치에게 있다 하더라도 그가 이루어놓은 모든 것을 부정할 수는 없다. 그는 냉정한 비즈니스 세계와 조직의 역학관계에서 확고한 리더십을 발휘하여 닌텐도의 새로운 부흥을 이끌었다. 그의 리더십이 있었기 때문에 화투회사로 머물 뻔했던 야마우치 가업이 디지털 비즈니스의 총아로 거듭날 수 있었다. 게임&워치에서 패미콤, 메가 드라이브까지 그의 판단과 직감은 언제나 정확했다. 현재에 대한 판단보다 미래에 대한 예측으로 자신의 직감을 밀어붙였다.

통계는 비키니를 입은 여자와 같아서 모든 것을 보여주지 않는다는 말이 있다. 야마우치는 시장분석보다 자신의 직감을 더 믿었다. 남들이 보지 못하는 것을 보고 성공의 예감을 느끼면 과감하게 실행에 옮겼다.

그러나 그의 시대는 저물고 있었다. 황혼이 저무는 전장에서 꺾인 깃발과 포연이 피어오르는 광경을 보고 그는 무슨 생각을 했을까? 여기저기서 닌텐도 제국의 멸망을 떠들어대며 새롭게 떠오르는 제국인 소니와 마이크로소프트의 깃발 아래로 몰려가고 있었다. 닌텐도의 재기는 과연 요원한 것일까?

야마우치의 닌텐도 제국은 세습체제였다. 할아버지의 급작스런 뇌졸중으로 약관의 나이에 새로운 영주가 된 야마우치는 닌텐도의 전성기를 이끌어왔다. 그러나 그는 영원히 회장의 지위에 머물려는 생각은 없었다. 오히려 세습경영은 자신의 대代에서 끝내야만 한다고 생각해왔다. 그렇기 때문에 회장으로 취임할 당시, 한 일가에 의해 족벌로 운영되는 폐단을 없애기 위해 야마우치 일가를 내보낸 것이다. 물론 자신의 경영권 확립이란 이유도 있었겠지만 말이다.

야마우치에겐 일가친척 대신 닌텐도의 영광을 함께 만들어온 별동대가 있었다. 닌텐도 게임기와 소프트웨어를 만들던 사람들 중에서도 탁월한 역량을 보여준 이들은 많았다. 패미콤의 우에무라와 슈퍼마리오의 미야모토는 이제 닌텐도만의 스타가 아니었다. 그들은 게임 산업에서 감히 넘볼 수 없는 지존이자 방향타 역할을 하고 있었다.

하지만 야마우치는 과거의 영광만 곱씹으며 안주하려는 마음은 없었다. 비록 지금 위기가 심각하다 해도 소나기를 피할 수 있는 처마만 찾기보다 좀더 튼튼한 새집을 찾아가는 것이 낫다고 생각했다.

무릇 CEO란 조직 그 자체라고 할 수 있다. CEO가 흔들리면 조직 자체가 흔들릴 수밖에 없다. 그래서 CEO에겐 인간적인 한계가 있더라도 늘 그것을 뛰어넘어야 한다. 엔지니어 출신이 아닌 야마우치가 게임의 역사를 새롭게 써내려갈 수 있었던 것도 지식과 기술을 뛰어넘는 그의 직감에 힘입은 바가 크다. 마치 천재가 영감을 얻어 새로운 작품을 창조한 것처럼 번뜩이던 그의 직관은 빛을 발했다.

현대의 고故 정주영 회장이 서산 앞바다에 대규모 간척지를 만들기 위해 바다를 메우려 할 때였다. 워낙 조수 간만의 차가 크다 보니 웬만한 매립물로는 어림도 없었다. 수십 만 톤의 돌로 메워야 하는데 비용도 만만치 않거니와 어마어마한 규모를 생각하면 거의 불가능에 가까웠다. 그러나 정 회장은 방법을 생각해냈다. 폐기된 대형유조선을 가라앉혀서 물을 막고 토사를 쏟아 부으면 가능할 것이란 생각을 해낸 것이었다. 이 방법은 당시만 하더라도 획기적이었고, 결국 애초 계획보다 3년에 가까운 기간을 단축시켜 9개월 만에 끝냈다고 한다. 비용 역시 수백억 원이나 아낄 수 있었다. 이런 직관이 현대건설의 신화를 쌓아간 것이다.

야마우치 역시 '존경받는 CEO'란 명예욕 따위는 거추장스러운 것에 불과했다. 그에게는 '닌텐도의 신화'를 쌓는 것만이 중요했다. 그리고 그의 '전략적 직관'은 언제나 통했다. 그러나 소니와 마이크로소프트가 등장한 이 시점은 더 이상 전략적 직관만으로 버틸 수 있는 상황이 아니었다. 지금까지 야마우치와 닌텐도가 걸어온 길과는 다른 여정이 기다리고 있었다. 그래서 닌텐도의 새로운 리더는 야마우치의 핏줄이나 닌텐도의 내부 인물이 되어서는 안 된다고 판단했다. 야마우치는 자신이 생각하는 CEO의 이미지에 부합해야만 새로운 닌텐도 제국의 수장이 될 수 있다고 여겼다. 그가 생각하는 CEO란 이랬다. 첫째, 커다란 비전을 가지고 있어야 한다. 둘째, 완성된 그림, 즉 막연한 것이 아니라 완성형의 이미지를 가지고 있어야 한다. 셋째, 그 이미지를 말로 전달할 수 있어야 한다. 넷째, 그릇된 판단을 피하고 제대로 된 판단을 할 수 있는 지식이 있어야 한다. 다섯째, 공명정대하고 온화해야 한다. 여섯째, 강한 인내심을 가지고 있어야 한다.

CEO는 훌륭한 화가이자 프레젠터Presenter여야 한다. CEO는 주먹구구식 지식과 막연한 생각으로 기업을 이끌어선 안 된다. 리더가 제대로 그림을 그리지 못하는데 구성원들에게 어떻게 색을 칠하라고 명령할 수 있겠는가. 그래서 그림을 그릴 줄 알아야 하고, 또 그 그림을 구성원들에게 또렷하게 보여줄 수 있어야 한다. 더군다나 닌텐도는 소니와 마이크로소프트의 등장으로 한 치 앞을 내다볼 수 없는 안개 속에 갇혀 있었다. 선장은 안개 저 너머로 보이지 않는 육지까지 선원들에게 보여줘야만 했다.

카르타고의 한니발이 로마를 위협하자 사람들은 과거의 영광이 무색할 정도로 풍전등화 신세가 된 로마의 운명에 어찌할 바를 몰랐다. 이때 스키피오는 지금까지 한니발에 대항하던 로마의 전략 자체를 수정하자고 제의한다. "지금까지 성공한 전략도 필요하다면 바꾸어야 한다"며 카르타고에 의해 끌려가던 포에니 전쟁의 주도권을 다시 로마로 가져오려면 지금까지의 성공했던 방식을 스스로 바꾸어야 한다고 강변한 것이다. 그리고 한니발의 본토 침공에 넋을 잃고 있던 로마의 군대를 직접 이끌고 카르타고로 침공한다. 스키피오의 아프리카 원정은 성공하였고 '아프리카누스'라는 칭호를 얻었으며, 로마는 지중해의 패권을 확고하게 다지는 데 성공하였다.

닌텐도 역시 과거의 영광을 답습하려는 인물이 필요한 게 아니었다. 호흡기를 단 채 간신히 생명을 연장하는 것은 야마우치에게 치욕과도 같은 일이었다. 야마우치 스스로 이제 닌텐도의 새로운 미래를 그릴 수 있는 사람, 즉 성공과 미래의 이미지를 구체적으로 그릴 수 있는 차세대 CEO에게 자리를 물려주겠다고 결심했다. 그가 원하는 새로운 CEO는 자신의 밑그림을 그리기 위해 치밀한 분석과 구성 능력, 원활한 커뮤니케이션을 위한 설득력을 갖춘 인물이어야 했다. 그래야 리더의 구상과 비전을 효율적으로, 정확하게 구성원들에게 전달하고 공감을 이끌 수 있기 때문이다.

닌텐도DS 개발의 주역, 이와타 사토루를 CEO로 영입하다
: 우세한 잡종이 성공을 이끈다

고인 물은 썩기 마련이다. 한계에 도달한 닌텐도는 더 이상 버틸 만한 재간이 없었다. 결단을 내려야만 하는 시기가 시시각각 다가오고 있었다.

수많은 기업들이 이런 한계 상황에 내몰리면 리더 교체라는 강수를 꺼내든다. 다 쓰러져가던 크라이슬러가 아이아코카를 영입해 기사회생할 수 있었던 것도, 애플이 위기의 순간 스티브 잡스를 전격적으로 복귀시켜 다시 성공 신화를 재현한 것도 이러한 리더 교체의 효과를 잘 보여준다.

닌텐도의 별동대에는 수많은 인재와 괴짜가 모여 있었다. 그리고 새로운 신화창조를 이루어냈다. 야마우치는 경영에 있어서도 이러한 신화를 기대했다. 그는 전형적인 승진 시스템에 의해 발탁되거나, 혹은 MBA를 수료한 전문가 출신이라는 틀에서 벗어난 별동대원을 찾아 나섰다. 이런 기준에 부합하는 인물은 닌텐도 제국 안이 아니라 변방에서 존재하고 있었다.

　이와타 사토루는 컴퓨터공학을 전공하고 세이부 백화점의 컴퓨터 코너에서 각종 부품과 프로그램을 가지고 놀던 컴퓨터 마니아였다. 그러다 백화점 직원의 소개로 적성과 전공에 맞는 컴퓨터 관련 업체인 할HAL 연구소에 들어가게 된다. 그는 이곳에서 숙식하며 게임 개발에 몰두하지만 개발자들끼리 모여 기상천외한 것을 만들며 그들만의 세계를 구축하면 뭐하겠는가. 먹고살 수 있는 있어야 개발도 가능하다. 역시 문제는 '수익'을 창출할 수 있는 경영능력이었다. 할연구소는 경영보다 개발에만 치중한 나머지 회사의 재정 상태가 갈수록 나빠졌다. 이와타는 이러한 문제를 해결할 요량으로 영업전선에 뛰어든다.

　이와타가 할연구소에서 개발할 때만 하더라도 게임 산업의 지존은 단연 닌텐도였다. '패미콤'의 열풍으로 모든 개발자들이 선망의 대상으로 삼았던 닌텐도는 이와타를 비롯한 할연구소의 젖줄과도 같은 존재였던 것이다. 24세 젊은 청년 이와타는 옷매무새를 가다듬고 닌텐도 본사의 문을 열고 들어갔다.

　젊은 청년의 패기와 도전의식과는 무관하게, 닌텐도로서는 보잘것없고 이렇다 할 실적도 없는 회사와 게임 개발 계약을 할 이유가 없었다. 까다롭기 그지없는 닌텐도의 라이선스 정책의 기준에 부합되는 것이 전혀 없는 할연구소는 당연히 퇴짜를 맞는다. 그러나 회사의 생존 문제와 본인의 열망이 뒤섞인 이와타는 포기하지 않고 끈질기게 설득한다. 그리고 마침내 성공하고야 만다.

닌텐도는 패기 넘치는 청년의 끈질긴 부탁에 정식 라이선스 계약이 아닌 단순한 외주 방식으로 게임 개발을 승낙한다. 이와타로서는 비록 서드파티가 되지는 못했지만 놓칠 수 없는 기회였다. 닌텐도는 열정은 넘치지만 완전히 신뢰할 수 없었던 그에게 난이도가 상당히 높은 게임을 개발하라고 주문했다. 이것은 작은 컴퓨터 회사에 불과한 할연구소, 더군다나 일개 개발자가 하기에는 너무나 힘든 과제였다. 한마디로 이 주문은 '네 스스로 한계를 깨닫고 물러나라'는 신호였던 셈이다.

하지만 이와타는 이 시험 아닌 시험을 보기 좋게 통과한다. 맡은 일을 제대로 수행한 이와타는 어느덧 닌텐도의 별동대로부터 '슈퍼 프로그래머'란 영광스런 칭호마저 얻었다. 세계 최고의 게임기와 소프트웨어를 만들어내는 집단에게 인정을 받다니. 한낱 컴퓨터 마니아로 컴퓨터를 가지고 놀던 청년은 이렇게 닌텐도와 연을 맺어갔다.

이와타는 사람들의 주목을 끄는 데도 소질이 있었다. 지금에야 눈을 감은 상태에서 타이핑을 하는 것쯤이 그다지 대단한 실력이라 할 수 없지만 1980년대 초반만 하더라도 이런 솜씨마저도 고수高手의 내공을 보여주는 것이었다. 이와타가 닌텐도의 개발실에서 타이핑

솜씨를 뽐내고 있으면 종종 닌텐도의 별동대들이 모여들어 구경하곤 했다. 결국 그에게는 '블라인드 타이피스트Blind Typist'라는 별명이 생겼고, 이 별명은 금세 사람들의 입에 오르내려 관리자들의 귀에까지 들어가게 된다.

함께 일하며 그의 진면목을 알게 된 닌텐도는 마침 난관에 부딪혀 헤매고 있던 한 게임 프로젝트를 그에게 맡기기로 한다. 닌텐도의 개발 관리자들은 '머더2'라는 게임이 프로그래밍의 문제로 난항을 거듭하는 바람에 골치를 앓고 있었다. 그래서 포기하려던 차에 닌텐도 개발실에서 컴퓨터 솜씨를 뽐내고 있던 변방의 괴짜 개발자에게 맡겨보기로 한 것이다. 닌텐도는 이와타에게 이 일을 맡기면서 언제 완성할 수 있겠냐고 물었다.

그는 "당신들이라면 3년이 걸릴 일을 내가 한다면 1년이면 끝낼 수 있다"고 장담했고 그 약속을 지켰다. 뿐만 아니라 해결이 안 돼 골칫덩어리였던 게임을 30만 개 이상이 팔릴 정도로 훌륭한 게임으로 변신시켰다. 이러한 이와타의 활약상은 야마우치에게도 알려졌다. 소수 최정예인 닌텐도 별동대마저 인정한 이 변방의 숨은 고수를 야마우치가 놓칠 리 없었다.

평범하고 무난한 샐러리맨보다 '끼' 있는 괴짜가 결국 성공하는 법이다. 이런 괴짜가 회사의 입장에서도 훨씬 나을 수 있다. 소니의 구타라기는 블랙리스트에 오를 정도로 경영진의 주목을 받았었다. 그가 소니에 입사하고 난 뒤부터 그에게서 평범한 샐러리맨의 생활은 볼 수가 없었다. 툭하면 충돌을 일으키고, 심지어 자신의 판단이 옳고 회사의 이익에 부합한다면 회장과도 논쟁할 정도로 거침없는 인물이었다. 비록 블랙리스트 인물이라 하더라도 회사를 위한 열정 때문에 회장단의 주목을 받을 수 있었던 것이다. 이와타 역시 독특한 행동과 능력으로 야마우치의 관심을 끌었다. 이와타를 가까이서 지켜본 야마우치는 자신이 생각하던 닌텐도의 CEO와 가깝다는 생각을 했다.

아무리 엘리트 교육을 받은 유능한 인재라도 온실 속의 화초라면 위기나 변수가 많은 상황에서 쉽게 흔들리기 마련이다. 또한 좋은 회사, 좋은 자리에만 연연하는 '맞춤식 일꾼'들에게 모험과 도전, 상상력을 기대하기는 힘들다.

닌텐도의 별동대는 이런 엘리트 시스템과는 거리가 멀었다. 하지만 닌텐도에 위기가 닥쳐오자 이 별동대마저 닌텐도에서는 주류이고 엘리트였다. 그들 역시 과거의 인물, 기득권 세력이 되어버린 것이다. 야마우치는 좀더 새로운 잡종, 별종이 필요했다.

이와타는 1993년에 경영난에 빠진 할연구소의 사장이 된다. 그리고 닌텐도의 자금 지원을 받아 회사 재건을 맡게 된다. 야마우치로서는 미리 싹수를 알아보려는 일종의 테스트인 셈이었다.

이와타 사장의 필살기, 경청
: 경청의 두 가지 의미를 깨닫다

이와타는 경영을 전공하기는커녕 관련 분야의 책도 제대로 읽지 않은 초짜였다. 소프트웨어 개발과 관련해서는 자신만만하고 패기 넘치는 청년이었으나 기업 경영은 또 다른 세상이었다. 그러나 진흙 속의 진주는 자신이 진주인지 모르지만 그것을 알아보는 사람은 있는 법. 야마우치는 일찌감치 그를 눈여겨본다.

이와타는 2000년에 경영기획실장의 자리에서 닌텐도의 미래를 구상하는 중책을 맡는다. 마흔 살의 이와타는 온화한 성격에, 다른 사람의 말을 귀 기울여 듣는 스타일이었다. 어찌 보면 독선적이고 자기주장이 강한 야마우치와는 정반대의 성격이었다. 그런데도 야마우치는 자신과 닮은 후계자를 찾지 않고 전혀 다른 별종 이와타를 선택했다. 마치 조선 태종이 우여곡절 끝에 자신과 정반대의 유형인 충녕대군을 최종 후계자로 삼았던 것처럼 말이다. 종묘사직을 지키고 나라의 부흥을 꾀하는 것이 우선이지, 내 입맛에 맞는 사람을 찾는 것은 소인배나 할 짓이기 때문이다.

닌텐도의 본성本城에 입성한 이와타는 자신의 스타일을 십분 활용한다. 기존 직원들과 만나면서 가장 먼저 경청하는 자세를 취한 것이다. 비록 초기 1세대가 회사를 떠났다 하더라도 100년이 넘은 닌텐도에는 닌텐도의 역사를 몸소 체험한 산 증인들이 많이 남아 있었다. 그들은 그야말로 영광의 세대들이었기에 무작정 휘어잡으려고 한다는 것 자체가 불가능했다. 그래서 이와타는 '말하기'보다 '듣기'를 먼저 선택했다.

그는 야마우치가 닌텐도의 미래를 책임질 사람을 내부에서 뽑지 않고, 굳이 변방에 머물던 자신을 선택한 이유를 잘 알고 있었다. 야마우치는 우물 안의 개구리가 아니라 날아다니던 매, 즉 넓은 바깥세상에서 바라본 닌텐도, 디지털과 인터넷 시대라는 환경의 변화 등에 부응하는 새로운 눈높이가 필요했다.

이와타에겐 두 가지 경청이 곧 리더십이었다. 주의 깊게 듣는 경청傾聽과 공손하게 자신의 생각과 의견을 청하는 경청敬請이 바로 그것이다. 이와타의 '경청 리더십'은 닌텐도의 고참들을 비롯한 구성원들과의 장벽을 없애는 데 크게 일조했다. 슈퍼마리오의 신화를 만들어낸 미야모토도 경영진이 되어 있었다. 그는 이와타보다 여섯 살이나 많았고 경력 면에서도 부족함이 없었다. 이밖에 다른 경영진도 열 살 혹은 스무 살이나 많았다. 사원들 중에도 이와타보다 연장자는 많았고 그들 대부분이 게임 산업의 신화적인 존재들이었다. 그런 그들이 이와타의 합류에 저항하지 않고, 이와타에게 닌텐도의 미래를 맡겼던 것은 닌텐도 재건이라는 비전의 제시 외에도 그의 '경청 리더십'을 존중했기 때문이다.

사실 이와타의 입성은 닌텐도 내부보다 외부에서 논란이 더 많았다. 이와타가 마흔두 살에 CEO로 취임하자 주변에서 수군대기 시작했다. 말 많은 사람들이 입방아 찧기에 이보다 좋은 소재거리는 없었다. 100년이 넘은 기업에서 젊은 나이, 그것도 닌텐도의 핏줄이 아닌 외부에서 데리고 온 사람을 CEO 자리에 앉힌 것은 분명 배후에 뭔가 있다고 생각했기 때문이다. 이와타가 CEO가 될 당시, 닌텐도는 소니와 마이크로소프트의 맹공을 받아 심하게 휘청거리고 있었다. 회사가 흔들리자 야마우치가 표면적으로 책임을 지고 물러나는 것처럼 보이지만, 실제로는 뒤에서 조종하기 위해 뭣 모르는 꼭두각시 신출내기를 앉힌 게 아니냐는 루머가 무성하게 떠돌았다.

물론 그들의 짐작은 틀렸다. 야마우치가 닌텐도의 위기에 대해 책임을 지고 물러난 것은 맞지만, 이는 닌텐도의 환골탈태를 위해 이와타에게 CEO의 자리를 물려준 것이었다. 야마우치는 이렇다 할 경영 실적과 경험이 없는 이와타를 돕기 위해 6명을 구성하여 집단경영체제로 닌텐도의 경영진을 새롭게 구성하였다.

이와타는 야마우치의 바람대로 닌텐도의 개혁에 착수했지만 결코 요란하게 일을 벌이지는 않았다. 마치 스텔스 폭격기처럼 은밀히 문제점을 발견하고 제거해나갔다. 갑작스런 구조조정을 단행하지도 않았다. 그보다 개발 실패로 의기소침해 있던 직원들을 따로 모아 자신의 직속 프로젝트 팀을 만드는 등 직원들이 실패를 두려워하지 않는 분위기를 만드는 데 주력했다. 가뜩이나 닌텐도 전체가 바깥의 강력한 경쟁자들 때문에 위기의식을 느끼는 마당에 내부에서의 업무 프로세스로 인해 사기가 꺾인다면 자멸할 수밖에 없었다. 내부 팀워크를 끌어올린 이와타는 곧이어 고객 가치를 강조하는 업무 프로세스를 확립하였다. 과거 야마우치가 내세웠던 '재미' 위주의 제품 개발은 어느덧 기술 경쟁의 격류에 휩쓸리면서 초심을 잃었다. 그래서 이와타는 기술 완벽주의에 빠진 개발풍토를 다시 고객 위주의 개발로 바꾸어나갔던 것이다.

야마우치는 이와타의 가능성을 믿었고 이와타가 제시한 새로운 지표가 닌텐도의 밝은 미래를 가져다줄 것이라 확신했다. 이와타의 조용한 행보, 그러나 닌텐도의 문제점을 확실하게 하나씩 제거하고 구심점이 되어가는 모습을 보면서 야마우치뿐 아니라 기존 경영진들도 새로운 닌텐도 제국의 부활을 꿈꾸게 된다.

이와타, 닌텐도 재건에 나서다
: 발상의 전환, 필사적 커뮤니케이션으로 이루다

대개 스카우트되거나 갑자기 중책을 맡게 되면 조바심이 나기 마련이다. 성과를 빨리 보여줘야 자신의 존재감을 한번에 확실히 드러낼 수 있기 때문이다. 이는 당사자는 물론이거니와 그를 추천한 사람도 마찬가지다. 더군다나 당시 닌텐도는 내·외부적으로 확실한 재기의 발판을 마련하라는 요구를 끊임없이 받고 있었다. 물론 이와타의 생각도 별반 다르지 않았다. 하지만 이와타는 '최대한 빨리 성과를 내야 한다'는 강박감에서 자유롭기 위해 노력했다. 조급함이 일을 그르치는 주범임을 잘 알았던 것이다.

사막 횡단을 이끄는 리더는 먼저 북극성을 찾아 일행에게 방향을 제시해주어야 한다. 이와타는 방향을 제시하기에 앞서 닌텐도의 북극성을 찾기 위해 직원들과 직접 대화에 나섰다. 그리고 야마우치가 만들어놓은 6인집단체제도 점차 닌텐도의 야전사령부 역할을 충실히 수행하게 된다.

이와타는 대화를 통해 '위기를 돌파하려면 어떻게 해야 하는가'와 '내부의 힘을 최대로 끌어올리려면 어떻게 해야 하는가' 등 가장 근본적인 질문을 던지는 동시에 위기의식과 긴장감을 불어넣었다. 닌텐도의 구성원들은 소니와 마이크로소프트의 공세가 단순한 매출 타격을 넘어 닌텐도 100년 역사를 위협한다는 것을 깨달았다. 그리고 이런 위기 돌파를 위해 이와타의 제안을 받아들여 닌텐도의 재건에 힘을 합치게 된다. 이와타는 닌텐도의 새로운 방향에 대하여 크게 4가지로 나누어 제시하였다.

첫째, 새로운 고객층을 발굴하자.
둘째, 경쟁사가 보지 못한 것을 찾아내자.
셋째, 완전히 새로운 게임기를 만들어내자.
넷째, 생산 공장을 최대한 축소하여 운영하자.

이와타는 이중에서 신규 고객층 발굴과 완전히 새로운 게임기를 만들어내는 것에 중점을 두었다. 결국 이것은 현재 벌어지고 있는 게임기 대전의 레드오션에서 벗어나 전혀 새로운 블루오션을 만들어내자는 의미였다. '패미콤'의 신화를 만들어낸 닌텐도의 직원들에게 새로운 게임기를 만들자는 것은 생각보다 어려운 주문이었다. 단순한 기술적 업그레이드가 아닌, 전혀 새로운 가치를 창조하는 것과 마찬가지였기 때문이다.

아무리 '변해야 살 수 있다'고 강변해도 사람들은 쉽게 자신의 의식과 관습, 행동을 바꾸지 못한다. 게다가 닌텐도처럼 100년이 넘는 역사를 유지해온 회사가 스스로 고정관념을 깨고 전혀 다른 생각을 하는 것은 결코 쉬운 일이 아니었다.

그래서 이와타는 닌텐도가 위기를 벗어나려면 '발상 전환'부터 해야 한다고 주문했다. 하지만 그는 아무리 좋은 의견이라도 의견이나 구호로만 머문다면 아무 소용이 없다는 것도 잘 알았다. '발상 전환'도 마찬가지였다. 회의에서 대충 한 번 언급하는 정도의 전시행정으로는 도저히 불가능한 일이었다. 이와타는 지속적인 의사소통을 통해 발상의 전환이 이루어질 수 있도록 노력했다.

의사소통은 기업 경영에 있어 매우 중요한 요소다. 한 경제연구소에서 조사한 바에 따르면, CEO들이 불황이나 위기를 이기는 방법으로 제일 먼저 꼽은 것이 커뮤니케이션의 확대였다고 한다. 결국 경영의 대부분을 차지하는 것도 따지고 보면 의사소통과 관련된 것이고, 경영의 성패 역시 얼마나 커뮤니케이션을 잘하느냐에 달려 있다는 것이다. 특히 어려울 때일수록 커뮤니케이션은 중요하다. 질적인 면 못지않게 의사소통의 시간도 대폭 늘려야 한다. 얼굴을 맞댈수록 정은 드는 법. 신뢰와 신념을 경청의 자세로 전달하는 이와타의 커뮤니케이션은 닌텐도를 회생시킬 수 있는 가장 중요한 열쇠였는지도 모른다.

24시간 편의점 체인인 세븐 일레븐의 스즈키 도시후미 회장은 "같은 것을 반복적으로 지적해야지만 점포 수준을 겨우 올릴 수 있다. 그 수준을 유지, 혹은 더욱 높이려면 아무리 똑같은 내용이라도 계속 지적해야 한다. 그렇기 때문에 절대로 다이렉트 커뮤니케이션을 그만 두지 않을 것이다"라고 했다. 이처럼 리더는 필사적으로 커뮤니케이션을 해야 한다. 그래야 구성원들이 움직이고 조직이 한 방향으로 달려 나갈 수 있다.

스칸디나비아 항공의 전 회장인 얀 칼슨은 근무시간의 절반을 직원들과 일대일 커뮤니케이션에 할애했다. 오죽하면 직원들이 삼삼오오 모여 있으면 "이제 곧 회장이 나타나 대화를 나누겠네"라고 우스갯소리를 했을까. 그러나 이 방법만큼 리더의 의지와 신념, 책임감을 보여주는 것은 없다.

이와타 역시 "한 번 들어서 제대로 할 수 있는 사람은 그리 많지 않다. 대여섯 번을 되풀이해야지 겨우 바뀌는 경우가 대부분이다. 회사에서 필요한 사람은 머리 좋은 사람보다 변화를 제대로 받아들이는 사람이다"며 적극적인 의사소통으로 발상 전환을 꾀했다.

이런 그의 노력은 조직의 근간을 뒤흔드는 것이 아니라 '미래에 대해 제대로 설명하고 모든 구성원들의 동의를 구하는 것이 나의 역할'이라며 조용히, 그러나 치밀하게 이루어졌다. 잭 웰치는 "열 번 말하지 않은 것은 한 번도 말하지 않은 것과 같다. 1,000명의 직원이 있다면 1,000명 모두를 각각 만나 대화하고 설득할 각오가 되어 있어야만 한다"고 했다. 이와타의 각오도 이와 다르지 않았다.

이와타의 조용한, 그러나 치밀하고 열정적인 의사소통 과정은 직원들로 하여금 자연스레 새로운 리더십을 느끼게 하였다. 야마우치가 닌텐도를 맡고 있을 때는 모든 기준이 야마우치였다. 회장님을 기쁘게 하기 위해 개발하던 문화는 이제 과거의 유물이 되었다. '모두가 모여 좋은 것을 함께 만든다'는 생각으로 직원들 간의 팀워크를 강조했다. 이런 팀워크는 닌텐도만의 조직문화, 즉 '다음에도 같이 일하고 싶은 사람이 되자'는 생각을 갖게 하였다.

이와타는 최첨단 디지털 제품을 만들어내지만 인간관계만은 개별적이거나 단절된 것이 아닌, 아날로그 방식을 주장하였다. 그는 수평적인 팀워크의 중요성을 잘 알았던 것이다. 과거에 닌텐도는 야마우치 회장을 위해 합심했지만 이제는 자신과 조직 전체를 위한 팀워크로 바뀌었다.

일할 때 내가 무엇을 하는지, 상대방이 어떤 일을 하는지 잘 모른다면 말 그대로 공장의 기계와 다를 게 무엇이겠는가. 상대가 뭘 하는지도 알고, 기분까지 헤아릴 줄 안다면 상대방의 능력을 배로 끌어낼 수 있다. 기능을 세분화해 나누고, 부서를 잘게 쪼갠다고 해서 전문적이고 일을 잘하는 것은 아니다. 능력 있는 사람보다 그 능력을 제대로 발휘하는 사람이 더 훌륭하다. 그리고 각각의 능력을 합쳐 시너지 효과를 발휘할 수 있는 것이야말로 닌텐도가 새롭게 만드는 제국의 모습이다.

닌텐도가 새롭게 고민하는 전략은 하드웨어와 소프트웨어의 효율적인 결합으로 고객을 유인하는 것이다. 그러기 위해서는 하드웨어와 소프트웨어의 개발자가 기술력만 뛰어나서 될 일이 아니다. 서로의 영역에 대한 이해와 환상적인 호흡이 있어야 제대로 된 상품이 나온다. 이와타는 닌텐도의 성공 공식을 다시 쓰기 시작했다. 과거엔 야마우치의 직관으로 만들어진 공식이라면 이제는 모두가 함께 쓰는 공식이란 것이 가장 큰 차이였다.

가미카제식 전략으로 미국 시장을 공략하다
: 용기 있는 결단, 상대방의 핵심을 공략하다

닌텐도가 한참 성장할 때쯤 야마우치는 글로벌 시장에 욕심을 가지기 시작한다. 이미 일본에서 최고의 자리에 올랐기 때문에 모든 오락 산업의 본거지인 미국 공략만이 남았었다.

야마우치는 자신의 사위를 미국에 보낸다. 교토에서 4대째 직물회사를 하는 이라카와 가문의 아들로 미국 MIT대학원에서 토목공학을 전공한 이라카와 미노루는 마루베니 종합상사의 캐나다 지사에서 근무하고 있었다. 당시 닌텐도 내부에서는 영어를 잘하는 사람도 없었고, 해외수출경험도 없었던 터라 야마우치는 수출업무를 하고 있던 사위에게 전적으로 일을 맡겼다.

1980년에 '닌텐도 아메리카'가 설립될 때만 하더라도 미국에서 닌텐도는 그다지 많이 알려지지 않았다. 소수의 마니아 위주로 게임이 유통되긴 했으나 본격적으로 시장 경쟁을 한 것은 아니었다. 이라카와는 미국 시장을 두드렸지만 그 문은 쉽게 열리지 않았다. 아타리나 매그너박스와 같은 회사가 장악한 미국 시장의 벽은 견고했다. 이라카와는 일일이 게임 판매상을 찾아다니며 영업했고 호텔과 바, 음식점까지 찾아가 닌텐도 게임기를 설치해달라고 했다.

말 그대로 악전고투를 거듭하던 차에, 닌텐도의 활로는 역시 고객들이 재미를 느낄 만한 게임이 미국에 공수되면서 뚫리기 시작했다. 일본 시장을 평정했던 '동키 콩'은 미국에서도 선풍적인 인기를 끌었고, 급기야 한 회사가 막대한 금액을 제시하며 '동키 콩'의 저작권을 사겠다고 제안했다. 야마우치는 이라카와가 동의하면 팔겠다는 생각으로 의견을 물었지만, 이라카와는 화들짝 놀라며 만류했다. 이라카와는 콘텐츠 저작권이 가지는 가치에 대해 잘 알고 있었던 것이다.

'동키 콩'은 미국에서도 베스트셀러의 면목을 제대로 보여주었다. 6만 대가 넘게 팔렸고, 닌텐도 아메리카는 설립한 지 2년 만에 1억 달러의 매출액을 올렸다. 그러나 미국 게임기 시장에 암운이 드리우자 닌텐도 아메리카도 새로운 활로를 찾아야 했다. '아타리 쇼크'로 가정용 TV 게임기 시장이 몰락했고 소비자의 외면으로 게임 판매상들은 재고 부담 때문에 줄지어 파산 대열에 속속 합류하고 있었다. 닌텐도로서는 '호사다마'라고 위안을 하기엔 억울하기 짝이 없었다. 이제 겨우 자리를 잡고 미국 시장을 넘보던 차에 이런 일이 일어났으니 속이 터질 지경이었다. 그러나 이것은 잠시의 위기로 끝나지 않고 시장 전체의 몰락으로 이어져 비즈니스 자체가 이루어지지 못하는 지경까지 이르렀다. 그 결과 닌텐도 아메리카의 존립 자체를 걱정해야만 했다.

　미국 상황과는 달리 일본에서의 닌텐도는 패미콤의 등장으로 전성기를 구가하고 있었다. 야마우치는 닌텐도의 게임기가 어려움에 봉착한 미국에서도 충분히 통할 것이라고 봤다. 그에겐 동키 콩의 성공이 있지 않은가. 이라카와는 야마우치에게 미국에서 통할 게임기는 소형 컴퓨터 수준이어야 한다고 말했고, 닌텐도 본사의 별동대는 미국을 겨냥한 게임기를 만들었다. 그러나 이라카와는 여전히 답답하기만 했다. 아무리 뛰어난 게임기를 만들면 뭐하는가. 불볕더위가 기승을 부리는데 최고급 오리털 점퍼를 입으라고 이야기하는 것과 마찬가지였다. 미국에서는 이제 가정용 비디오 게임이라면 소비자나 판매상 모두가 손을 내젓는 상황에까지 이르렀다.

　그렇다고 넋 놓고 있을 수만은 없었다. 이라카와는 컨트롤러와 키보드가 추가되고, 세련된 외관을 갖춘 'AVS', 즉 Advanced Video System의 약자로 명명된 게임기를 1984년 가전제품박람회에 내놓았다. 나름 미국인들의 기호에 맞춰 내놓은 'AVS'도 성능이나 게임 소프트웨어의 수준과는 무관하게 '아타리 쇼크'의 악몽에서 벗어나지 못했다. 그러나 한 번 더 돌파구를 마련하기 위해 이듬해에 이라카와는 다시 박람회에 참가한다. 'NES_{Nintendo Entertainment System}'라는 이름으로 나온 이 제품은 패미콤의 북미판이었다. 마치 엔진이나 핵심 부품은 그대로인 자동차가 외관만 고객 입맛에 맞게 변형해서 나온 것과 같았다. 그러다 보니 역시 반응은 냉담하였다.

이라카와는 더 이상 희망을 찾을 수 없었다. 아무리 불같이 화를 내고 카리스마를 내뿜는 장인이라도 거짓보고를 할 수는 없었다. 이라카와의 힘없는 목소리에도 불구하고 야마우치는 의외로 담담했다. 우물쭈물하며 부정적인 전망을 늘어놓는 이라카와와는 달리 야마우치는 오히려 상황을 깔끔하게 정리해버린다.

"그런 것들은 다 무시하게나. 이제 미국의 한 도시를 선정해서 게임기를 팔아보게. 그렇게 노력했는데도 안 되면 그때 그만두면 돼. 소비자가 직접 게임을 체험하게 하란 말이야. 그것이야말로 의미 있는 테스트가 아닌가?"

일종의 '필드 테스트'를 해보라는 주문이었다. 이라카와도 게임기를 팔기 위해 한 번 더 노력하기로 했다. 이라카와는 판촉 특공대를 만들어서 마치 제2차 세계대전 때 일본의 가미카제 특공대처럼 한 도시를 공략하기 위해 도시 선정 작업에 들어갔다. 이때 미국인 판매원들은 작은 도시 하나를 선정해서 제한적인 테스트를 하는 것이 어떻겠냐고 제안을 했다. 그러자 야마우치는 고개를 가로저었다.

"테스트하기가 가장 어려운 도시가 어딘가요?"

"뉴욕입니다."

야마우치는 뉴욕이 왜 어려운가를 물었다. 판매원들은 뉴욕이 미국에서 가장 경쟁이 치열한 곳이자 '아타리 쇼크'로 인한 타격 또한 크게 입어서 모두가 게임기 판매를 꺼리는 곳이라고 대답했다.

'그렇다면 뉴욕에서 시작해야 한다. 뉴욕을 이기지 못하면 다른 곳에서도 가망은 없다고 봐야 한다.'

야마우치는 뉴욕을 테스트 마켓으로 정하고 일전을 준비하라고 지시한다.

아무리 뛰어난 무기와 병력을 갖추었다 하더라도 전장에서 변죽만 울리는 소모전을 펼치다가는 어느새 전력이 고갈되기 마련이다. 제2차 세계대전 초기, 독일군이 승승장구할 수 있었던 것은 월등한 전력이나 수준 높은 무기가 아닌, 상대방의 핵심을 공략한 전략적 판단 덕분이었다.

독일군은 탱크와 폭격기의 효율적인 동원과 집중 공격으로 전선의 약한 고리를 돌파하는 기동전술을 펼쳤다. 이런 효율적인 전략전술은 미리 전략적 목표지점을 선정, 즉 핵심을 공략하기 위한 목표 설정과 재빨리 승부를 결정짓기 위한 이른바 '전격전'을 펼치며 연합군을 궁지로 몰아넣었다.

야마우치 역시 소도시 중심으로 찔끔찔끔 테스트하는 것은 비용이나 시간만 낭비하는 무의미한 행위라고 판단했다. 야마우치는 전격전을 택했고 닌텐도 가미카제를 뉴욕으로 보낸다. 과거 전쟁에서의 가미카제는 자살폭탄이었지만 닌텐도의 가미카제는 원뜻대로 '신이 일으키는 바람'이 되어 닌텐도의 기적을 일으켜줄 것이라 믿었다.

이라카와도 판매특공대에게 "우리의 게임기를 알아주는 게이머를 만난다면 성공은 시작될 것이다. 가치 있는 일은 쉽게 얻어지지 않는다. 우리는 다시 한 번 게임기로 사람들을 사로잡아야 한다. 그렇게만 된다면 진정한 성공이 올 것이다"라며 출정 전야의 각오를 다졌다.

정말 '신이 일으키는 바람'이 불었던 것일까. 뉴욕 지역에 TV광고가 나가고 판매원들의 동분서주가 계속되자 서서히 반응이 오기 시작했다. 크리스마스 시즌이 코앞으로 다가오자 500여 개가 넘는 점포에서 '패미콤'이 팔리기 시작했다. 이 바람은 뉴욕에서 로스앤젤레스로, 시카고로 미국 전역에 불기 시작했다.

야마우치가 미국식 시장조사의 통계와 분석에 전적으로 따랐다면 미국 시장 공략은 실패했을 것이다. 그는 핵심을 찌르는 전격전과 가미카제식 집중 공략으로 미국 시장 진출에 성공할 수 있었다. 닌텐도의 패미콤은 1987년에 미국에서 가장 많이 팔린 장난감이 되었고, 미국에서 가정용 게임기의 재부흥을 서서히 불러 일으켰다.

'게임 본능'으로 업계를 평정하다
: **제품이 아닌 문화를 만들다**

울트라 시리즈, 패미콤, 슈퍼마리오의 공통점은? 이 질문의 답은 이

것을 개발한 사람들과 관련되어 있다. 우에무라, 미야모토, 요코이, 그리고 닌텐도의 새로운 수장인 이와타까지. 그들은 소위 명문대학의 엘리트 출신이 아니다. 사실 일본도 우리나라처럼 학벌을 심하게 따지는 사회다. 그런데 닌텐도의 주역들은 와세다 대학 출신의 야마우치를 제외하고는 엘리트 학벌이 그다지 눈에 띄지 않는다. 그들은 학벌의 후광보다 철저히 실력으로 게임 업계를 평정했다. 그 실력이란 해박한 전문지식보다 게임의 본질인 '재미'를 추구하고 발굴하는 능력이었다.

닌텐도가 게임 산업의 지존으로 떠오를 수 있었던 것도 이들의 '게임 본능' 덕분이었다. 이 '게임 본능'은 닌텐도가 단순히 게임의 차원을 넘어서 어린이들의 생활에 깊숙이 들어가 하나의 문화를 창조해내는 것을 가능하게 했다.

닌텐도가 아이들 생활의 일부가 될 수 있었던 것은 포켓몬스터의 공이 크다. 전 세계에 1억 6,000만 개 이상 팔려나간 포켓몬스터는 슈퍼마리오 시리즈에 이어 2위를 기록하였다. 포켓몬스터는 '원 소스 멀티 유즈 One Source, Multi Use'의 전형을 잘 보여준다. 사토시를 비롯한 주인공들이 일대일 배틀 Battle 을 하면서 자신의 몬스터 아이템으로 승부를 거는 방식은 이후 많은 게임과 만화, 애니메이션의 롤 모델이 되었다. 갖가지 캐릭터 상품과 미디어에 활용되어 1,600여 가지의 관련 상품을 만들어냈고 250억 달러의 매출을 기록하였다. 그리고 애니메이션으로 제작되어 전 세계 65개국에 방영되어 애니메이션의 원조이자 종주기업인 미국 디즈니 영화사가 만든 〈라이언 킹〉을 누르고 막대한 흥행수익을 얻었다.

포켓몬스터는 타지리 사토시라는 사람이 만들었다. 공업전문학교를 나온 그는 고등학생 시절에 이미 게임 동인지를 만들었던 프리랜서였다. 이처럼 타지리도 학벌의 후광과는 거리가 멀었다. 그저 자신이 좋아하는 게임을 기획했고 직접 만들었을 뿐이었다.

타지리는 어린 시절 곤충 수집이 취미였던 친구들과 함께 놀면서 우정을 쌓았던 경험을 바탕으로 포켓몬스터를 만들었다. 아이들이 학교와 집을 오가는 시간에 게임을 즐길 수 있도록 닌텐도의 휴대용 게임기인 '게임보이' 용으로 제작된 포켓몬스터는 여러모로 아이들의 흥미를 이끌었다.

주인공인 아이들이 트레이너가 돼서 귀엽거나 용맹한 몬스터를 수집하여 더 강한 캐릭터로 키우는 상황은 마치 곤충을 채집해 키우는 것과 흡사했다. 게다가 '게임보이' 간에는 선으로 연결하여 대결을 벌일 수도 있었다. 이런 배틀 게임은 당연히 아이들의 승부욕을 자극했기 때문에 '게임의 엔딩'이란 존재하지 않았다.

'포켓몬스터'의 열풍은 생각보다 거셌다. '게임보이'와 '포켓몬스터'는 친구들 사이에서 우정의 매개체이자 따돌림을 당하지 않기 위해 가지고 있어야 하는 필수 아이템이 되었다. 또한 게임의 캐릭터들이 귀여운 곤충을 응용한 모습이었기 때문에 부모들도 아이들과 함께 게임을 즐기곤 했다.

포켓몬스터의 열풍은 일본에서 미국, 그리고 전 세계로 불기 시작했다. 애니메이션, 카드, 장난감으로 거듭난 포켓몬스터는 아이들의 문화로 자리 잡았다. 한편 미국의 넓은 시장을 장악하기 위해서 닌텐도는 치밀한 전략을 사용했다. 일시에 장난감, 게임, 카드, 캐릭터 인형 등을 미국시장에 내놓으며 한 번에 큰 바람을 일으켰다. 그 결과 아이들은 어디로 눈을 돌리더라도 포켓몬스터를 만날 수 있었고, 인종과 지역에 상관없이 포켓몬스터는 아이들의 친구가 될 수 있었다.

일본은 그동안 정교한 전자제품이나 자동차의 나라로 인식되었다. 그러나 이렇다 할 문화상품은 없었다. 하지만 포켓몬스터는 일본의 미키마우스였다. 미국의 상징이 미키마우스라면 일본은 포켓몬스터였다. 포켓몬스터로 대변되는 일본의 이미지는 전쟁의 가해자라는 부정적인 이미지를 개선하는 데도 많은 도움이 되었다.

게임 산업은 대표적인 하드웨어와 소프트웨어의 결합 산업이다. 그렇기 때문에 NEC처럼 하드웨어의 뛰어난 성능만 따졌다가 실패한 사례는 무수히 많다. 그래서 콘텐츠가 중요하다. 그 콘텐츠가 하나의 문화로 인식될 때 큰 성공을 거둘 수 있다. 유명한 팝 아트의 거장 앤디 워홀은 '비즈니스는 최상의 예술'이라고 했다. 자본주의 사회에서 뛰어난 비즈니스를 하는 것 자체가 예술이라는 뜻이다.

포켓몬스터는 뛰어난 비즈니스를 보여준 예술이었고, 그 자체가 문화, 예술로서 인식되었다. 단순한 게임 콘텐츠에서 머문 것이 아니라 아이들의 정서로 자리 잡은 포켓몬스터는 더 이상 일개 제품의 영역으로 치부할 수 없다.

제품이 아니라 문화를 만들 줄 알아야 한다. 문화로 승화된 게임이나 콘텐츠는 '반영구적인 생명력'을 가진다. 기업의 입장에서 '반영구적인 생명력'이란 수익을 보장해주는 캐쉬 카우이자, 자가 발전하여 수익을 키워주는 믿음직한 효자인 셈이다. 이 시대의 아이콘으로 자리 잡은 포켓몬스터는 닌텐도의 엔터테인먼트 영역을 더욱 확장시켰다. 닌텐도는 이제 단순 게임 회사가 아니라 이 시대의 대중문화를 담당하는 한 축이 되었다. 닌텐도라는 브랜드가 더 이상의 광고나 마케팅 없이도 사람들 곁에 머물 수 있는 계기를 마련했다는 말이다.

세계인을 즐겁게 한 게임기

포켓몬스터

1996년 타지리 사토시가 개발한 '포켓몬스터'는 일본에서 초등학생들의 입소문을 타고 급속도로 알려졌다. 수많은 속편, 관련 게임, 관련 제품이 발매되었고, 2004년 여름까지 동 타이틀로 제작된 게임이 1억 1,000만 장이 팔렸다. 롤플레잉 게임 형식으로, '포켓몬'이라는 신기한 생물과 인간이 파트너가 되어 몬스터를 잡아 상대 트레이너의 몬스터와 맞서 싸우는 구성이다. 여러 이벤트를 거쳐 마지막으로 세계 최강자와 주인공의 라이벌을 쓰러뜨리는 것이 목표인 게임이다.
1997년에는 애니메이션으로도 만들어져 대호평을 받는다.

버추얼보이

1995년 닌텐도에서 발매한 3D 게임기이다. 머리에 쓰는 형태로 오른쪽과 왼쪽의 화면에 시차 개념을 도입하여 3D 화면을 실현했다. PC-FX와 같이 CPU로 NEC의 V810이 채용되었으며, 화면 해상도는 384x224 픽셀. 적색 LED에 의한 4계조 색상의 표현이 가능하다.

게임큐브

2001년 닌텐도로서는 처음으로 광디스크를 채용한 가정용 비디오 게임기이다. 닌텐도와 파나소닉이 DVD를 기반으로 공동 개발하였으며, 디스크의 직경은 8센티미터이다. 컨트롤러는 '닌텐도64'보다 작아졌고, 소니의 '플레이스테이션'용 컨트롤러와 비슷한 모양이다. 일본에서의 판매량은 약 384만 대, 일본 이외에서는 약 1,547만 대, 전 세계 누적 판매량은 약 1,931만 대이다. '닌텐도 64'의 실패를 바탕으로 순간 최대 성능을 높이는 것보다 안정적으로 높은 성능을 발휘하는 것을 염두에 두고 개발되었다.

7장

기본과 원칙이
승리한다

한 생물이 뭔가 새로운 환경에 적응하기 위해

진화하는 시간은 상당히 오래 걸린다.

예컨대 공중을 날아가는 일에

익숙해지려면 한 세대가 걸릴 수 있다.

그러나 일단 성공한다면, 짧은 시간에 갖가지

모습으로 변화한 다수의 종류가 생겨나

온 세계로 퍼질 것이다.

그리고 생존이냐, 아니면 도태되느냐의

자연 법칙에 운명이 맡겨질 것이다.

다윈의 진화론에서 핵심사상 중의 하나가

자연선택설이다.

다윈은 "인간은 자신의 이익을 위해 선택하고,

자연은 자신이 돌보는 생물의 이익을 위해

선택한다."라고 했다.

이 말을 경제와 시장의 원리로 바꾸면,

"시장은 자신에 적합한 상품과 서비스에 의해

진화한다"는 것으로 해석할 수 있다.

NinTenDo

아무도 찾지 못한 게임의 블루오션을 찾다
: 새로운 시장, 마켓 캔버스를 정확히 그리다

애초부터 변화를 위해 영입된 이와타는 경청을 통해 마련한 닌텐도 재건플랜을 구성원들에게 제시한다. 특히 언제부터인가 "더욱 월등한 기술력으로!"를 외치며 기술 완벽주의를 추구하던 개발 풍토를 버리고 전혀 새로운 콘셉트의 게임기를 개발하자고 제안한다.

    기술 완벽주의는 얼핏 보면 고객에게 좀더 나은 만족감과 훌륭한 품질을 제공한다고 여길 수 있는 구호이다. 그러나 아무리 뛰어난 음악을 작곡하면 뭐하는가. 예술적 가치가 뛰어나더라도 난해하면 청중은 이해하기 어려운 법이다. 클래식 음악의 내재된 의미보다 직설적인 가사로 의미를 전달하는 대중가요가 다수의 사람들에게 받아들여겨 말 그대로 '대중문화'가 됐다. 클래식의 고고한 예술적 가치는 상대적으로 소수의 문화로 남게 된 것이다. 하물며 태생 자체가 재미를 추구하는 게임은 말할 필요가 없다.

플레이스테이션의 성공 신화를 쓴 소니도 기술 완벽주의에 빠져 오디오 시장에서 위기를 맞이하였다. '워크맨'은 상당히 획기적인 제품이었다. 그것도 전혀 새로운 기술의 창조가 아니라 기존의 오디오 기술과, 걸으면서 듣는다는 콘셉트가 결합한 아이디어 제품이었다. 그런데 소니나 닌텐도처럼 성공의 정점에 오른 기업은 쉽게 초심을 망각하는 모양이다. 소니는 오디오 시장에서 워크맨의 성공에 도취되어 새로운 제품을 기획할 때 점점 기술적인 완벽성에 집착하게 된다. 그들이 개발한 음악저장매체인 'MD'는 품질의 완벽성을 기하기 위해 들어간 비용 때문에 당연히 가격이 비싸질 수밖에 없었다. 저렴한 가격, 손쉬운 사용법의 MP3파일까지 등장하자 MD는 더 이상 설 길이 없어졌다.

소니는 얼마든지 자신의 전략과 제품을 수정할 수 있었다. 그러나 일등기업의 여유일까, 아니면 기술 완벽주의에 빠진 장인의 오만함이었을까. 그들은 주위의 우려에도 아랑곳하지 않고 기술적 완벽함을 고집했고, 결국은 휴대용 오디오 시장의 왕좌에서 물러남은 물론이고 경쟁대열에서도 탈락하는 치욕을 맛본다.

이와타는 장인의 우직스러운 고집이 때로는 변화와 발전의 장애가 됨을 잘 알고 있었다. 그 자신이 개발자 출신이었지만 배고픔을 겪어봐서인지 닌텐도의 장인정신보다 고객의 눈높이가 기준이 되기를 원했다. 이와타는 새로운 게임기의 정의를 내리면서 개발자들의 사고를 전환시켰다.

- 퍼스널 단말기이다.
- 독특한 기능을 가지고 있다.
- 새로운 수요를 창출할 수 있다.
- 경쟁상품이 없다.

이와타는 소니와 마이크로소프트가 주도하고 있는 게임기 시장은 더 이상 반전의 계기를 찾을 수 없는 레드오션이라는 것을 직시했다. 따라서 기존 경쟁자들이 보지 못한 블루오션을 찾아내기 위해 지도를 꺼내 들었다. 지도에는 각 세력들의 영역이 빽빽하게 그려져 있었다. 닌텐도는 새로운 지도를 그려야만 했다.

이와타는 아직 아무도 찾지 못한 블루오션을 찾기 위해 '마켓 캔버스Market Canvas'를 그렸다. 마켓 캔버스 그리기의 일차적인 목적은 시장 전체의 흐름을 보면서 기존 고객과 아직까지 시장에 유입되지 않은 비고객의 니즈를 파악하는 것이다. 이와타는 기존 고객과 비고객의 니즈를 기존 상품이 얼마나 만족시켜주는지를 따져보면서 새로

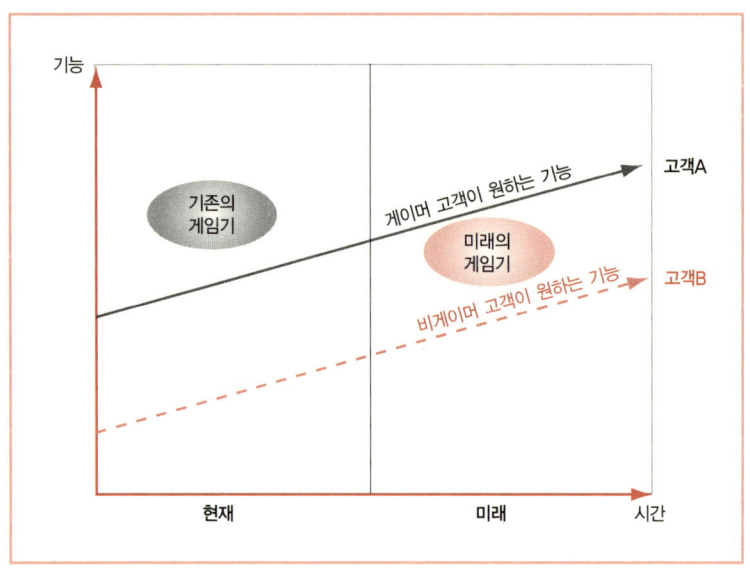

게임기의 마켓 캔버스

운 제품의 콘셉트를 그려내야 했다.

새롭게 작성된 마켓 캔버스에서 발견된 것은 결국 기술 완벽주의로 치닫는 현재의 경쟁구도는 젊은 게임 마니아들의 욕구만 충족시켜줄 뿐이란 사실이었다. 마니아, 즉 소수를 대상으로 게임기를 개발하는 것은 닌텐도의 정신에도 부합되지 않았다. 시장을 장악하고 있던 소니와 마이크로소프트에 의해 주도된 기술 경쟁에서 자유롭지 못했던 것이다. 그러나 이제 틀을 깨부수어야 했다. 그래야지만 다시 기사회생을 전기를 마련할 수 있었다. 젊은 게임 마니아가 아니라 아이들부터 어른까지, 여성과 노인까지 즐길 수 있는 게임기를 만드는 것만이 판을 뒤엎고 새로운 판을 짤 수 있는 유일한 길이었다.

시장의 최강자를 자처하던 소니의 플레이스테이션과 마이크로소프트의 엑스박스는 여전히 고성능의 하드웨어와 화려한 그래픽을 자랑하는 게임 소프트웨어에 매달리고 있었다. 그러다보니 가격은 계속 비싸지고, 게임기의 사용은 더욱 복잡해져갔다. 사람들은 점점 고사양의 게임기와 복잡한 게임 소프트웨어에 떨어져나가기 시작했다.

그리스 신화를 보면, '이카루스'의 이야기가 나온다. 새의 깃털과 밀랍으로 날개를 만들어 태양을 향해 날아가겠다는 자만심은 결국 뜨거운 태양열에 밀랍이 녹아버려 추락하는 비극으로 끝난다. 테크놀로지의 세계에서도 이카루스의 이야기가 진행되고 있었다. 이른바 '테크노 이카루스Techno Icarus'라 할 수 있다. 엔지니어나 프로그래머들은 본능적으로 궁극의 기술을 구현하려는 욕망을 가지고 있다. 시장의 요구나 사용자들의 편의성보다 그들에게 더 중요한 것은 완벽한 기술이 녹아 있는 제품이었다.

이와타는 개발자들의 이런 욕망이야말로 닌텐도를 비롯한 게임기 업체의 종말을 고하는 것이라고 판단했다. "밑 빠진 독에 물 붓기" 식으로 막대한 개발비가 들어가도 이익은 크게 기대하지 못하는 게임 산업의 특성은 고가의 명품 판매로 수익을 남기는 비즈니스와는 근본부터 다르다. 많이 팔려야지만 이익을 남길 수 있는 게임 산업인데 자꾸만 명품 비즈니스를 추구한다는 것 자체가 모순이자 자멸의 자충수였다. 게다가 이런 리스크를 감당할 수 있는 여력을 갖춘 일류 기업과의 경쟁에서 닌텐도가 피할 길은 "재미있고, 싸고, 독특하고, 쉬운" 게임기와 소프트웨어를 만들어내는 것 외에는 달리 방법이 없었다.

이와타는 "나도 개발자 출신이다. 그래서 완벽한 기술 구현에 언제나 끌린다. 하지만 소비자들이 받아들일 수 없는 고사양의 게임기는 무의미하다. 낮은 기술력으로 만들어진 게임기나 소프트웨어라도 소비자들이 좋아해준다면 그게 제일 좋은 제품이다"라는 지론을 앞세웠다. 게임기 기술의 역사에 획을 그을 만한 제품인들 뭐하는가. 사람들의 시선에서 외면당한다면 아무런 소용이 없다. 그것은 존재하지 않는 것과 마찬가지다.

닌텐도, 합의의 조직문화
: 더디게 가도 제대로 가면 된다

어찌 보면 빠른 길을 걸어온 것 같다. 그러나 그 과정을 들여다보면 'Hurry up!'을 외치며 서두르기보다 더디게 가더라도 합의를 보며 역량을 모아서 성공했다는 것을 알 수 있다. 이와타의 '경청 리더십'은 합의가 되어야지만 일을 할 수 있는 조직문화를 만들었다. 신제품

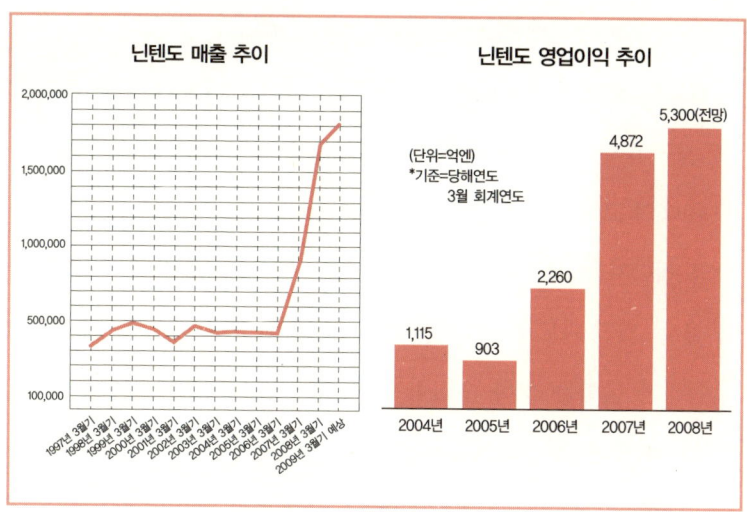

을 개발할 때, 경영진은 방향만 제시할 뿐 구체적인 개발 품목, 세부 기능 등에 대해 절대 간섭하지 않는다. 또한 아래로부터, 현장으로부터 생생한 아이디어를 듣고 난 뒤에 피드백을 주며 보완해나간다. 과거와 같은 독불장군 식의 리더십과 의사결정과정을 버리고, 비록 시간이 걸리더라도 새로운 커뮤니케이션을 통해 고객의 가치에 가장 근접한 제품을 만들어내는 것이다.

최첨단 디지털 제품을 만든다고 해서 인간관계조차 아날로그 방식을 버리는 것은 아니다. 벤처의 열풍이 불면서 개인주의적 성향이 만연한 젊은 직장인들의 풍토를 존중한답시고 사무실 안에 여러 개의 고립된 섬을 만들고 있는 게 요즘 기업의 현실이다. 마치 그게 창의성을 보전해주는 것인 양 당연한 것으로 생각한다. 그러나 창의성은 무조건 혼자 내버려둔다고 생기는 것이 아니다.

이와타의 경청 리더십은 그 혼자만의 것이 아니다. 서로를 존중하고, 가급적 면대면 대화를 통해 공유하는 문화는 20대의 젊은 개발자가 40대의 고참과 공존할 수 있는 밑거름이 되었다. 이는 슈퍼울트라급의 개발자들이 닌텐도를 떠나지 않는 이유로 '함께 일하는 즐거움'을 든 것만 봐도 잘 알 수 있다.

이러한 문화는 상하 수직적 의사결정구조에서 바텀 업Bottom Up 구조로 바뀌는 데 결정적인 기여를 했다. 야마우치의 흔적을 지워내며 만들어낸 새로운 닌텐도 문화는 '원활한 의사소통'을 우선으로 삼았다. 닌텐도위를 개발하며 각 분야의 직원들을 대거 참여시킨 것이나, 시제품을 만들고 부수기를 수없이 반복하며 모든 직원들의 의견을 수렴했던 것은 바로 이러한 '합의'를 위한 과정이었다. 그래서 닌텐도위는 진정 닌텐도의 전 직원이 함께 만든 것이라고 볼 수 있다.

광활한 대륙을 횡단할 때, 비행기로 휙 날아가면 여행의 참맛을 동료들과 공유하기란 힘들다. 대륙횡단 열차나 자동차를 이용하여 곳곳의 풍경과 정서를 공감하는 것이야말로 진정한 동행의 길이라 할 수 있다.

사실 닌텐도가 합의의 조직문화를 만들었다 해도 결코 더디기만 한 것은 아니다. 아니, 더디게 가는 게 가장 빠르다는 것을 잘 보여주었다고 해도 과언이 아니다. 물론 그 배경에는 덩치 큰 공룡들에 비해

상대적으로 적은 직원 숫자도 한몫을 했다. 소니에 비해 4분의 1 정도 밖에 되지 않는 직원 수는 소수 정예의 별동대라는 닌텐도만의 특징이기도 하다. 그리고 불필요한 스텝 부서와 관리자들이 적은 현장 위주의 조직 체계였기 때문에 생각보다 합의의 과정이 빠르게 진행되었다. 이런 합의 문화가 오히려 효율성과 생산성을 높여주었다. 닌텐도의 직원 1인당 매출액은 10억 엔이다. 일본의 1위 기업인 도요타가 1인당 매출액이 1억 7,400만 엔인 것에 비교하면 엄청난 수치다. 1인당 순이익은 1억 3,200만 엔으로 도요타보다 무려 8배나 많다. 닌텐도 본사 직원이 1,400여 명, 제휴 회사까지 합쳐서 5,000여 명인 닌텐도가 약 16만 명의 소니보다 시가 총액이 4배나 높다는 것도 '합의'가 그저 허울 좋은 수사가 아니란 것을 잘 보여준다.

닌텐도는 직원 수만 최소화를 지향하는 것이 아니다. 패미콤 시절부터 제조공정을 줄여왔는데 가급적 모든 부품은 외부의 전문기업에 아웃소싱을 하고, 닌텐도는 최종 조립공정만 담당한다. 공장을 최소화하여 인원을 가급적 줄이고 본사는 연구개발에만 치중할 수 있도록 한 것이다. 물건이 많이 팔린다고 해서 공장을 더 짓거나, 혹은 매출이 부진하다 해서 공장을 폐쇄해야 하는 골치 아픈 일은 애당초 생기지 않도록 하였다. 이런 공장 최소화는 과잉투자나 생산량 조절의 실패 등을 미리 막을 수 있어 리스크를 줄일 수 있는 효과도 얻게 되었다.

외부업체와의 관계 역시 과거 라이선스 정책의 독단을 인정하고 가능한 한 협의와 협력 체계를 구축하려고 노력한다. 닌텐도의 합의 문화가 바깥 네트워크에서도 그대로 적용되는 것이다. 닌텐도의 부품 업체 선정 기준은 기술력이 아니라 가격 경쟁력이다. 그리고 기획과 개발 능력도 중요한 고려요소이다. 이것이 보장되면 안정적인 물량 보장 계약으로 부품 개발에 전념할 수 있도록 해주었다.

실제로 닌텐도위를 개발할 때는 대부분 외부에서 납품한 부품을 사용하였다. CPU는 IBM, 화상처리 LSI는 NEC, 무선 LAN 모듈은 미츠미 전기, AC 어댑터는 오사카 전기 등 외부 아웃소싱을 극대화하였다. 그리고 최종 조립과정은 교토의 닌텐도 공장에서 이루어진다. 이때 닌텐도의 협의와 협력 문화는 지역 사회에 확장되어 적용된다. 조립 라인에 근무하는 직원들은 교토 지방의 부녀자들이다. 주부들이 아이들을 학교에 보낸 뒤에 출근하여 일할 수 있게끔 한 것이다.

닌텐도의 8가지 성공법칙
- 닌텐도의 보이지 않는 경쟁력

똑같이 게임기 사업을 하면서 왜 소니는 닌텐도처럼 닌텐도DS와 닌텐도위와 같은 새로운 콘셉트의 게임기를 개발하지 못했을까? 기술이 부족했을까? 우수한 인재가 없었을까? 자본이 부족했을까? 생산 시설이 미비했을까?

분명 아니다. 오히려 이런 눈에 보이는 경영요소는 소니가 닌텐도보다 더 우수하다. 그렇다면 보이지 않는 그 무엇 때문에 소니와 닌텐도의 차이가 생긴 것이라 짐작할 수 있다. 사실 겉으로 보이는 경영 요소가 경쟁력의 전부는 아니다. 많은 경영자나 리더가 간과하는 눈에 보이지 않는 경쟁력은 분명 있다. 그렇다면 닌텐도가 가지고 있는 '보이지 않는 경쟁력'은 무엇일까. 닌텐도가 마이크로소프트나 소니와 같은 세계 초일류 기업과 경쟁해 세계 1위가 될 수 있었던 8가지의 법칙인 'NINTENDO'에 대해 알아보자.

제1원칙

Naissance(탄생) _ 소비자의 눈으로 생각하고, 생산하라

위대한 제품은 소비자의 선택으로 탄생한다. 자존심을 버리고 소비자의 선택을 주시하라. 위대한 제품, 즉 사람들로부터 인정받고 시장에서도 잘 팔리는 제품은 내가 만들고 싶은 것이 아니라 소비자가 선택하고 싶은 제품이어야 한다.

닌텐도와 소니의 차이는 무엇일까. 기술력으로만 따진다면 소니가 닌텐도보다 월등히 우수해 보인다. 프로그래머의 입장에서 보면 닌텐도DS의 기술력은 그다지 새로울 것이 없다. 터치스크린이나 듀

얼 스크린 등은 전혀 새로운 기술이 아니다. 단지 기존에 있었던 요소들을 새롭게 조합했을 뿐이다.

수준 높은 기술력만이 제일이라고 생각하는 엔지니어들은 항상 세계 최고의 기술에 도전하고 싶어한다. 어찌 보면 엔지니어로서의 자존심일 수도 있고, '테크노 이카루스'에 빠져 고급 기술을 응용한 최고의 고성능 제품을 만들고자 하는 그들의 집념일 수도 있다. 하지만 선택은 소비자의 몫이다. 만드는 자유야 그들에게 있을지 몰라도 시장에서 팔리는 것은 소비자의 선택에 의해서다. 최고의 기술력을 구현한 제품이 나오려면 많은 투자와 높은 사양의 스펙을 보여줘야 하는데 당연히 그런 제품의 시장은 협소할 수밖에 없다. 비싼 가격에 조작이 어렵기까지 한 게임기는 대중의 사랑을 받기 어렵다. 사람들의 구매욕을 고려하지 않은 채, 단순히 '내가 최고의 제품을 만들어 냈다!'는 엔지니어의 성취감은 기업의 경영 전략에 심각한 차질을 가져올 수 있다.

닌텐도의 이와타도 최고 수준의 엔지니어 출신이다. 그러나 그는 기술력 자체의 완성보다 먼저 소비자에게 눈과 귀를 기울였다. 소비자가 원하는 제품이 무엇인지 생각하고 그것을 만들어낼 수 있는 기술이 필요했던 것이다. 프로 수준의 게이머만 게임을 즐기는 것이 아니다. 오히려 게임을 즐기지 않는 사람들까지 끌어들일 수만 있다면 그 시장은 열 배, 아니 백 배는 더 커질 것이란 것은 자명한 사실이다.

시장에서의 결정권자는 소비자다. 소비자들이 찾지 않는 게임은 결국 죽은 게임에 불과하다. 위대한 제품은 소비자의 선택으로 탄생하는 것이다. 닌텐도는 그들의 자존심과 성취욕을 '놀라운 기술'에서 찾은 것이 아니라 다수의 사람들이 즐길 수 있는 '쉽고 재미있는' 게임기와 소프트웨어를 만드는 것에서 찾았다.

제2원칙

Ichor(영감) _ 통계보다 시장 영감을 믿으라

시장과 교감하라. 정서와 감정을 읽을 줄 알아야 한다. 통계는 비키니를 입은 여자와 같다. 몸을 다 드러낸 것처럼 보이지만 실상 모든 것을 다 보여주지 않는다. 통계와 더불어 나만의 직감, 영감이 있어야 한다. 통계에 대한 맹신은 눈과 귀를 닫게 만든다. 한때 창의와 혁신을 기반으로 사람들의 정서를 읽었던 기업도 통계 수치나 성공담에 도취해 '시장 영감靈感'을 잊어버린다.

소니의 워크맨은 혁신의 대표적인 사례였다. 시장의 패러다임을 바꾸고 주도권을 장악할 수 있었던 저력이 있었다. 그 저력으로 누구도 부수지 못할 것 같은 제국의 성을 쌓았다. 창업보다 수성이 어렵다는 말처럼 영원할 것만 같았던 제국을 건설하자 그들에게서 창의력은 찾아보기 힘들어졌다. 기존의 기술력보다 더 뛰어난 기술력을 가지고 제품을 만들었지만, 이는 기술완벽주의에 빠져 개발한 것일

뿐, 진정 많은 사람들의 일상을 변화시키지는 못했다. 그들이 말하는 창의력은 사실상 기존의 기술력을 개선하는 것에 불과했던 것이다.

소니가 게임기 시장에 뛰어들었을 때만 하더라도 닌텐도보다 좀 더 나은 게임기를 만들어낸 것은 사실이다. 하지만 완전히 새로운 콘셉트라고 할 수는 없었다. 기존의 게임기 시장에서 고객들이, 그것도 하드 유저라 할 수 있는 게이머들을 대상으로 한 시장조사를 통해 그들이 원하는 강력한 게임기를 만들었을 뿐이었다.

그런데 소니는 이 시장조사가 결코 모두가 원하는 결과를 도출하는 것이 아님을 깨닫지 못했다. 시장조사는 기존의 고객들, 즉 게임기를 사용하던 사람들을 대상으로 한 조사이고, 또 과거의 자료를 숫자화한 것에 지나지 않는다. 게임을 즐기지 않는 사람들까지 시장조사에 포함시킬 수는 없었던 것이다.

시장조사에서 완벽함을 기대한다는 것은 지나친 욕심이다. 설문지나 조사요원의 질문만으로 고객의 잠재된 니즈까지 알 수는 없다. 닌텐도의 야마우치는 이런 시장조사와 통계의 허점을 잘 알고 있었다. 그는 "어설픈 시장조사로 개발자를 윽박지르지 말라"며 개발자의 창의성을 북돋아주었다. 자신의 직관을 믿었던 야마우치는 소비자와 개발자 사이에 무수히 놓여 있는 함정, 즉 숫자와 분석의 장벽을 없애버린 것이다.

'Ichor'는 그리스 신화에 나오는 말로서, '신들의 신성한 피'를 의

미한다. 영험을 발휘하는 Ichor, 즉 시장에 대한 필Feel과 영감이 숫자로 대변되는 시장조사보다 더 중요하다. 숫자로는 알 수 없는 시장의 흐름, 작은 수치지만 실제로는 의미 있는 시장, 나타나지는 않았으나 새로운 가능성을 가진 고객들의 잠재된 니즈를 읽어낼 수 있는 영감과 직관이 필요하다.

야마우치와 같은 높은 직관력은 천재성처럼 타고나는 것이 아니다. 그보다 자신이 몸담고 있는 '업'의 개념을 정확히 이해하고 집중력과 트렌드를 읽는 분석력을 갖출 수만 있다면 직관은 자연스럽게 생길 것이다. 독단과 독선의 카리스마로 똘똘 뭉친 리더십이 아니라 시장의 앞날과 성공요소를 내다볼 줄 아는 지혜를 가질 수 있다는 말이다.

제3원칙
Name of the game(핵심) _ 핵심을 찾아 공략하라

변죽만 울리지 말고 선택과 집중을 통해 핵심을 찾아라. 100가지 제품보다 단 한 개의 제품이 훨씬 더 큰 가치를 만들 수 있다. 이 한 가지를 찾아야 한다. 무엇이 고객과 회사를 위한 것인지, 어떤 제품이 시장의 패러다임을 바꿀 수 있는지 간파해야 살아남을 수 있다.

대부분 크고 오래된 조직일수록 많은 부서로 나뉘어 있다. 그런데 언제부터인가 이들은 '협업'보다 자기 부서의 생존을 위해 일을 하거나 제품을 만들어낸다. 그리고 그 일을 수습하고 만든 제품을 팔기 위해 또 조직을 키운다. 이런 과정이 반복되면서 조직이 커지고 업무 절차가 커지는 '스노 볼Snow Ball' 현상에 빠지게 되는 것이다. 이렇게 만들어진 제품이 소비자의 관심을 끌 수 있을까. 고객들에게 강렬한 인상을 남길 리도 없다. 게다가 빨리 만들어내는 것에 집중한 나머지 다른 회사의 제품이나 심지어 같은 회사의 제품과도 비슷한 경우가 많다. 이런 제품들이 성공할 가능성은 거의 없다.

닌텐도는 이처럼 부서 이기주의 때문에 제품을 마구 쏟아내거나 다량 생산을 해서 많이 팔겠다는 '양量'의 유혹에 빠지지 않았다. 제품의 종류는 많지 않지만 대부분의 제품이 탁월하고 멋진 '킬러 제품 Killer Product' 이다. 닌텐도는 자질구레한 제품 라인업보다 가장 본질적인 재미를 추구한 제품을 만들어낸 것이다. 슈퍼마리오나 포켓몬스터는 세계에서 가장 많이 판매된 게임 소프트웨어로 기네스북에 올라 있다.

닌텐도DS가 전 세계에서 1억 대가량 판매될 수 있었던 것은 그 안에 있는 두뇌게임, 영어학습, 강아지 키우기와 같은 '킬러 앱Killer Application' 의 공이 크다. 킬러 제품, 킬러 콘텐츠를 개발할 때 가장 우선시할 것은 '재미' 이다. 상품과 서비스에 재미요소인 'E-팩터 Entertainment factor' 를 제대로 살릴 수 있느냐, 없느냐가 성공의 기준이 되는 것이다. 닌텐도에는 재미가 최고의 요소임을 이해하고 이를 창의적으로 구현하는 개발자들이 있었기 때문에 상품과 서비스에 E-팩터를 보여줄 수 있었다.

제4원칙

Talent(재능) _ 재능과 열정의 인재를 찾으라

껍데기는 버리고 숨겨진 재능을 끄집어내라. 갈수록 어려운 경제 상황에 취업의 문마저 좁아지다 보니 대부분의 구직자들은 토익 점수나 전공 성적 등 '외형적인 스펙'에 더 집착한다. 기업도 "능력이 평가의 기준이다"라고 하지만 학벌이나 성적 등을 능력의 기준으로 삼는 경우가 허다하다. 그러나 분명 공장에서 대량 생산되는 판박이 부품으로는 치열한 경쟁의 시대에서 살아남을 수 없다. 그리고 이런 환경에 익숙해진 사람들은 변화를 받아들이는 일에 익숙하지 못하다.

대부분의 사람들은 변화를 두려워한다. 특히 현재가 안정으로 보장된 사람들일수록 더욱 그러하다. 기업도 마찬가지다. 매년 하던 일을 반복하고, 획기적인 제품보다는 그동안 안정적으로 수익을 벌어다 준 제품을 개선하는 것으로 그치는 경우가 많다. 이런 일들이 지속되다 보면 마치 고객의 모든 것에 대해 알고 있다는 듯한 착각에 빠지기도 한다. 이처럼 기업에 있는 사람들은 생각이 점점 고루해지고 마치 시간이 흘러가면서 몸이 늙듯 생각 또한 늙어간다. 하지만 이와는 반대로 시장은 말 그대로 변화무쌍한 흐름과 '급진화'를 보여준다.

생각이 노쇠한 기업의 리더는 결코 젊어진 고객의 생각을 이해할 수 없다. 야마우치는 자신의 생각에 젊은 감각을 보완하기 위해, 젊은이 흉내가 아니라 과감히 젊은 피를 수혈했다. 야마우치는 게임을 하지도 않고, 엔지니어 출신도 아니었지만 요코이 군페이나 미야모토 시게루 등과 같은 게임의 천재를 영입해서 고객의 관심을 끌 수 있는 게임을 만들어냈다. 그리고 시장의 변화에 맞춰 그때그때 새로운 젊은 피를 수혈했다. 그리고 그 젊은 피는 단지 생물학적 나이가 아니라 생각의 신선함이 기준이 되었다. 출신이나 학벌, 전문 기술 따위는 그에겐 아무 상관이 없었다. 닌텐도에서는 '외형적인 스펙'은 중요하지 않았다. 닌텐도의 신화적인 존재인 미야모토나 우에무라가 일류대학 출신도 아니거니와 이와타 역시 마찬가지다.

닌텐도는 게임을 좋아한다면, 그래서 고객을 즐겁게 해줄 수만 있다면 전공 불문, 학력 불문으로 인재를 끌어당겼다. 그리고 가장 적합한 부서에 배치하였다. 미야모토는 스케치와 음악 밴드 경력으로 동키 콩과 슈퍼마리오를 개발했다. 이처럼 닌텐도에서는 굳이 순수 개발자 출신이 아니더라도 아무 문제가 없었다. 게임과 전혀 상관이 없을 것 같은 미술이나 음악의 끼를 가진 사람이라도 닌텐도에서라면 오히려 환영을 받을 수 있다. 미야모토의 슈퍼마리오는 진화의 아이콘답게 게임기가 바뀔 때마다 새로운 모습으로 나타났다.

젊은 피의 수혈은 단지 개발자 영입에만 그치지 않았다. 야마우치는 조직 전체가 무기력해졌다고 느끼자 과감히 자신의 자리도 내놓고 새로운 피를 수혈했다. 그래서 외주제작을 주로 하던 작은 게임 개발회사의 개발실장이었던 42세의 이와타를 사장으로 발탁하였다.

내부에 슈퍼마리오를 개발한 미야모토와 미국 시장을 개척한 이라카와도 있었지만 야마우치는 과감히 이와타를 영입해 닌텐도를 완전히 변신시킨다. 이와타는 닌텐도가 가지고 있었던 과거의 영광에 얽매일 이유가 없다고 생각했다. 밖에서 들어온 만큼 과감하게 새로운 판을 짤 궁리를 할 수 있었던 것이다. 또한 경쟁자들이 보지 못했던 새로운 시장을 발굴하고 지금까지와 전혀 다른 콘셉트의 게임기를 만들어냈다.

경력이 많다는 것은 안정을 담보할 수 있으나 고정관념에 사로잡혀 새로운 것을 보지 못하는 실수를 범할 수도 있다. 남들이 보지 못한 것을 보기 위해서는 남들과 달라야 한다. 당장 눈에 걸친 선입견과 기득권의 안경을 벗어버리고 새로운 피를 영입할 수 있는, 인재를 판별할 수 있는 눈을 찾아야 한다.

제5원칙
Earnest(성실) _ 성실하게 설득하고, 합의를 통해 실행하라

지시가 아니라 설득하라. 일사분란하게 조직이 움직이려면 구성원들의 합의가 전제되어야 한다. 내가 뭘 해야 하는지, 왜 해야 하는지도 모르는데 제대로 된 아웃풋을 낼 수는 없다. 정보화 사회에서는 속도가 승부를 가르는 결정적 요인이 될 수도 있다. 하지만 빠른 정보검색, 빠른 의사결정, 빠른 실행만이 속도를 빠르게 하는 것은 아니다. 조직은 어느 한두 사람이 빠르게 추진한다고 제대로 된 결과가 나오는 것이 아니다.

어느 조직이든 그동안 그곳에서 잔뼈가 굵은 사람과 전통적인 일처리 방식이 있는 법이다. 이것을 바꾸기 위해서는 당연히 설득의 과정을 거쳐야 한다. 그런데 리더가 바뀌었거나 혹은 새로운 의사결정을 한다며 무작정 지금까지 하던 모든 것을 갑자기 바꿀 수는 없다. 변화의 당위성만 내세우고 강력하게 밀어붙인다고 조직이 원하는 대로 빠르게 변화하지는 않는다. 리더가 실무자들과 변화의 필요성에 대해서 합의하지 않은 채 변화를 강행한다면 오히려 엄청난 저항에 부딪칠 수도 있음을 간과해서는 안 된다.

이와타는 닌텐도가 새로운 방향으로 가야 하고 새로운 콘셉트의 게임기를 개발해야 할 이유에 대해 관리자, 실무자들과 충분히 대화하고 설득했다. 비록 오랜 시간이 걸리고 인내심이 필요한 일이었지만 새로운 합의를 위해 진지하고 성실하게 노력했다.

현재 닌텐도에서는 리더, 관리자, 실무자들의 합의를 통해 개발 프로젝트가 진행될 수 있다. 결과를 예측할 수 없고, 어떤 문제가 발생할지 모르는 머나먼 신제품 개발이란 항해에서 선장과 선원들의 합의가 없다면 목적지에 도달하기도 전에 태풍을 만날 수도 있기 때문이다.

닌텐도의 이와타는 한두 번의 대화로 그치지 않고, 모든 직원들이 설득되고 공유되어 합의를 볼 때까지 커뮤니케이션을 시도했다. 이런 합의 과정은 처음에는 일의 성과가 더디게 나타나 보이지만 어느 정도 시간이 지나면 자율성과 집중력으로 더 빠른 결과를 낳는다.

제6원칙

Natural order(자연 법칙) _ 하프트한 사고를 가지라

생각의 틀을 바꿔라. 변화무쌍한 비즈니스의 세계에서 고정된 생각은 고인 물과 같다. 융합과 시너지를 강조하는 이 시점에 아직도 한쪽만의 생각, 한 분야에만 머문 전략을 고집하는가.

소니의 플레이스테이션이나 마이크로소프트의 엑스박스는 하드웨어 측면에서 본다면 손색이 없는 최고의 기종이다. 그러나 정작 게임을 하려면 고난이도의 게임 소프트웨어와 복잡한 조작, 비싼 가격 등으로 많은 사람들이 쉽게 접하기 어려운 제품들이다.

소니나 마이크로소프트뿐만 아니라 대부분의 회사들이 하드웨어와 소프트웨어를 따로 개발한다. 하드웨어 회사는 성능이 우수한 완벽한 제품을 만들어야 하고, 소프트웨어 회사들은 이에 맞춘 고난이도의 게임을 만들어야만 한다.

대개의 기업들은 효율성을 극대화하고 생산성을 높인다는 명목으로 업무를 세분화하여, 오직 앞만 보고 뛰는 경주마와 같이 일하도록 한다. 몇 퍼센트 달성, 작년보다 얼마나 향상됐느냐의 수치를 가지고 구성원을 평가한다.

이런 기업의 관리와 일의 방식 때문에 구성원들은 자신의 업무가 어떤 가치를 만들어내는지, 그것이 고객의 니즈 충족을 위해 무슨 의미를 가지는지 생각하지 못하게 된다. 그저 눈앞에 주어진 과제만 충실히 수행할 뿐이다. 게다가 다른 부서보다 평가를 더 잘 받기 위해 눈에 보이지 않는 내부경쟁에 매몰되고, 비생산적인 회의, 주도권 경쟁 등 복잡한 절차와 시간낭비만 지속하고 있다. 이런 관행은 정해진 일만 잘하면 된다는 생각으로 이어지고 정작 제일 필요한 고객이 원하는 니즈에 집중하지 못하도록 한다. 이처럼 융합과 시너지라는 말은 구호에 불과하고 부서 이기주의와 살벌한 경쟁만이 존재하는 정글이 되어버린다.

게임회사도 마찬가지다. 하드웨어 전문가는 하드웨어만 하면 되고 소프트웨어 전문가는 소프트웨어만 하면 되기 때문에 하드웨어와 소프트웨어를 결합하여 고객이 원하는 새로운 것을 만들어낸다는 하프트ha-ft 사고를 하지 않는다.

닌텐도는 이런 아집과 악순환의 고리를 끊었다. 고객이 무엇을 좋아하는지 파악하고, 하드웨어와 소프트웨어의 개발자가 한 팀이 되어 최적의 시스템과 게임을 만들어낸다. 그들은 자연계의 질서인 'Natural order'를 발견한 것이다. 진화를 위해서는 자연의 순리에 적응해야 한다. 닌텐도는 하드Hard와 소프트Soft를 결합한 하프트Ha-ft 사고로 닌텐도DS와 닌텐도위를 만들어낸 것이다.

제7원칙

Dapper(작고 민첩한) _ 큰 기업보다 강한 기업을 만들라

몸을 가볍게 해서 장애물을 가볍게 넘어라. 몸이 무거우면 뒤뚱거리게 되고 작은 돌부리에도 쉽게 넘어지는 법이다. 달리기에 앞서 미리 몸을 가볍게 만들어두라. 그래야 제대로 뛸 수 있다.

우리나라는 매년 태풍이 분다. 특히 여름이 끝나고 가을이 시작될 무렵에 닥쳐오는 태풍은 일 년 벼농사에 치명적인 타격을 준다. 일 년 농사가 허사가 돼버릴 수 있다. 이 위기를 이기기 위해서는 유비무환의 자세가 필요하다. 미리 태풍의 위기를 대비하여 벼의 웃자람을 방지하고 줄기를 튼튼하게 키워야 하는 것이다.

어느 기업이든 위기를 맞을 수 있다. '고속성장'의 신화를 이루기도 하지만 너무 빨리 성장하는 나머지 튼튼한 체질을 갖추지 못하여 위기를 맞을 수도 있다. 리스크 관리는 미리 해야 한다. 위기에 대비하는 경영방식이 필요하고, 위기가 닥쳤다면 이를 극복하는 힘을 가져야 한다.

닌텐도는 몇 번의 위기를 겪었지만 항상 오뚝이처럼 일어섰다. 그 이유 중 하나는 'Dapper', 즉 작은 유지하고 있었기 때문이다. 닌텐도는 불필요한, 자신의 핵심역량이 아니라고 판단되는 것은 과감하게 포기했다. 그리고 철저한 아웃소싱으로 대체하면서 민첩하게 대응했다.

게임 개발도 닌텐도의 순혈주의를 고집하지 않고 적극적으로 서드파티를 활용하였다. 제품 생산도 '공장 없이 생산하는 것'이 기본 방향이라 그들은 최종 조립 과정만 맡으면 됐다. 그렇다 보니 웬만한 부품은 대부분 외부 생산이고, 신규로 필요한 부품이 생겨도 독자적인 개발보다 해당 분야의 전문 기업과 공동개발을 통해 마련했다.

닌텐도는 유사 업종의 다른 회사들 중 직원 수가 가장 적다. 예컨대 소니가 16만 명인 것에 비해 닌텐도는 제휴회사를 포함하여 5,000여 명에 불과하다. 이는 단지 덩치만 크다고 싸움을 잘하는 것이 아님을 보여준다.

공장도 거의 없고 직원도 적기 때문에 만약 매출이 준다 해도 다른 기업에 비해 경영에 심각한 문제가 되지 않는다. 제2차 세계대전이나 오일 쇼크 불황과 같은 세계적인 위기에도 닌텐도는 견딜 수 있었다. 그리고 글로벌 경제위기의 파고 앞에서도 위축되기는커녕 매출 신장의 힘을 보여주고 있다. 지금도 현금 7조 원 정도를 은행에 예금해놓은 닌텐도는 당장 회사의 모든 업무를 중단시켜도 직원들에게 10년 이상 월급을 줄 수 있다는 말이 있을 정도로 내실 있는 기업이다. 이런 상황이니 신제품 개발에 실패했다 해서 직원들이 흔들릴 이유가 없는 것이다. 그들은 가벼운 몸을 이용하여 또다시 날기에 도전하면 된다.

제8원칙

Off beat(별난) _ 창조적 파괴를 행동강령으로 삼으라

관행과 관습이 먹히던 시대는 끝났다. 21세기는 창의와 새로운 창조의 시대. 창조는 기존의 것이 아닌 새로운 것이어야 한다. 극단적으로 말하자면, 지난 과거에 지어진 모든 것을 파괴하고 새로운 건물을 지어야 한다. 그래야 위기를 극복하고 생존과 진화의 궤도에 올라설 수 있다.

닌텐도는 위기 때마다 진화를 거듭했다. 위기가 곧 성장과 진화의 자양분이었던 것이다. 1차 오일쇼크로 위기를 맞았을 때도 신제품을 만들어 그 위기를 헤쳐나갔다. 소니와 마이크로소프트의 무차별 공세에 속절없이 당했을 때도 마찬가지였다. 울트라 시리즈, 패미콤, 닌텐도DS, 닌텐도위 등 진화의 발판은 게임 업계의 흐름을 바꾸어놓는 파격적이고 창조적인 제품이었다. 'Off beat' 라는 말처럼 파격적인 선택으로 진화를 해왔다.

닌텐도의 창조적 진화는 세대교체를 통해서도 진행되었다. 독불장군 야마우치는 더 이상 손을 쓸 수 없을 정도의 위기에 봉착하자, 온화하지만 결단력이 있는 이와타에게 CEO 자리를 물려주면서 닌텐도가 새로운 시대의 흐름에 맞추어갈 수 있도록 했다. 그리고 이와타는 닌텐도의 회생과 게임 업계의 지각변동을 동시에 일으킨 주역이 되었다. 항상 위기를 창조적 진화의 기회로 삼은 닌텐도는 자신의 진화뿐만 아니라 공진화의 길라잡이가 되었다.

"닌텐도의 고객은 다섯 살부터 아흔다섯 살까지의 모든 사람이라고 볼 수 있다. 지금 같은 심각한 경제위기에도 사지 않을 수 없는 게임을 만들 것이다."

슈퍼마리오와 닌텐도DS, 닌텐도위의 신화를 창조했던 미야모토 시게루가 어느 인터뷰에서 한 말이다. 이 말에는 진화, 즉 끝이 없는 발전을 하고 있는 닌텐도의 자신감이 잘 드러나 있다.

그러나 2002년, 야마우치가 승승장구하고 있던 소니를 보고 한 말을 보면, 그들 역시 비즈니스의 냉정함과 역사의 교훈을 잊지 않고 있다는 것을 잘 보여준다.

"지금 소니가 성공했다고 한다. 그렇지만 그것은 가끔 성공하고 있을 뿐이다. 그러다가 또 실패하곤 한다. 지금 업계에서 최강자라고 하는 소니 역시 성공과 실패를 반복하고 있다. 그러니 내일은 실패할 수 있다."

야마우치의 예측은 맞았다. 당시 소니는 "게임기 전쟁은 우리의 승리로 끝났다"는 선언을 했지만 지금은 어떤가. 소니의 실패와 닌텐도의 성공이 교차하고 있다.

성공이든 실패이든 간에 중요한 것은 퇴화의 과정이냐, 아니면 진화의 과정이냐를 분명하게 구분할 줄 알아야 한다는 것이다. 감당하기 힘든 실패를 겪었더라도 그것이 진화를 위한 고통이라면 분명 적자생존의 논리에 따라 살아남는 쪽이 될 수 있다. 닌텐도의 역사가 그것을 증명해준다.

당장 내일의 생존마저 짐작하기 어려운 이때, "생존하는 것은 강한 종도 아니고 지적인 종도 아니다. 변하기 쉬운 종이 생존하게 된다"는 다윈의 말을 새롭게 떠올려야 할 이유가 바로 여기에 있다.

| 에필로그 |

지금도 모든 것은 진화하고 있다

    모두가 불황과 위기를 말하고 있다. 어수선하고 불안한 이 시점에 위기를 어떻게 극복할 것인지를 고민했고, 이런 나의 생각은 위기를 기회로 바꿀 수 있도록 도움을 줄 수 있는 책을 써보자는 결론으로 이어졌다. '그렇다면 도대체 무엇을 가지고 그 위기를 극복할 수 있을까?'를 고민하던 중 내 눈에 띈 한 기업이 있었다. 어린이든 어른이든 손에 '닌텐도DS'를 쥐게 하더니 이제는 '닌텐도위'로 온 가족이 함께 게임을 할 수 있게 게임문화를 바꾼 닌텐도였다.

    닌텐도의 역사는 진화 과정 그 자체였다. 하지만 대부분의 책과 자료는 의외로 닌텐도의 외적인 성장에만 집중하거나, 혹은 기존의 경제학, 경영학 논리로 해석한 것이 대부분이었다. 닌텐도와 진화론이 만나는 접점을 새롭게 써야 했다. 그리고 '진화하는 닌텐도'라는 이야기에서 우리가 이 위기 상황을 극복할 기회를 찾을 수 있다는 생각이 들었다.

　닌텐도가 꽤 알려진 회사임에도 불구하고 국내에는 번역서 한 권만이 나와 있었고, 닌텐도의 나라 일본에도 관련 서적이 두세 권 정도만 출간되었을 뿐이었다.

　그러던 차에 대통령이 "요즘 초등학생들이 닌텐도 게임기를 많이 가지고 있더라. 우리도 이런 것들을 개발해 볼 수 없겠나?"라는 발언을 했다. 현장 개발자들의 기술력으로 따진다면 우리나라 IT 기술이 '닌텐도위'나 '닌텐도DS' 같은 것을 못 만들 이유가 어디 있냐고 했다. 그렇다면 무엇이 문제일까? 왜 우리는 위기 앞에서 헤쳐나갈 돌파구가 보이지 않는다고 아우성만 치고 있을까?

　다윈 탄생 200주년이자 그의 저서 《종의 기원》이 출간된 지 150주년이 된 2009년. 많은 언론이 그의 진화론을 언급하며 주목하고 있다. 생물학적인 그의 이론을 다시 되짚어보는 의미뿐만 아니라 사회적·경제적 관점에서 재조명하는 관점이 눈에 띈다. 사실 이 책에서 밝혔듯 다윈의 '진화론'은 기업 생태계에도 그대로 적용된다.

　이 세상의 모든 기업은 다윈의 진화론에 나오는 법칙처럼 명멸을 거듭하고 있다. 격랑의 바다에서 침몰하는 배가 있는 반면, 폭풍을 뚫고 앞으로 나가는 배가 있다. 기업도 마찬가지다. 위기와 격변에서 적응하고 생존하느냐, 아니면 적응하지 못하고 사멸하느냐의 기로에서 있다.

소니는 한때 '워크맨'의 신화와 '플레이스테이션'의 영광을 누렸지만 지금은 위기를 어떻게 극복할 것인가를 고민하고 있다. 그들은 자연의 법칙인 적응과 생존, 그리고 선택받는 것이란 진화론을 거부하고 스스로 '신神'이 되고자 했던 것일까? 마치 이카루스가 태양을 향해 날아가듯 한껏 오만함에 빠져 변화를 부정한 것은 아닐까?

최고의 기술만을 고집하며 '테크노 이카루스'라는 달갑지 않은 호칭으로 하드웨어에 집착했던 그들은 지난날 그들 역사에 뚜렷이 새겨졌던 진화의 법칙을 어느새 잊어버리고 말았다. 비즈니스 계획서에는 분명 하드웨어에 걸맞은 소프트웨어와 콘텐츠의 결합이란 해답을 제시하고 있지만 소니의 리더들은 과거의 성공에 사로잡혀 '생각의 진화'를 하지 못했다.

반면 닌텐도는 현재 진화의 표본이 됐다. 최고의 기술이 지향하는 바는 '기술 그 자체의 완성이 아니라 고객을 감동시키는 것'이라는 뚜렷한 목적의식을 가지고 하드웨어와 소프트웨어, 콘텐츠의 환상적인 조화를 꾀했다. 그리고 이제 더 이상 게임기란 개념만으로는 묶을 수 없는 새로운 콘셉트의 엔터테인먼트 기기를 선보였다. 기술의 진보가 아니라 '생각의 진화'가 그들의 생명력이었다.

그동안 경제학은 시장의 통제나 자유방임을 논하였고, 경영학은 기업의 효율과 성과만을 앞세운 성장 추구에 초점을 맞추었다. 이런 천편일률적인 기준은 세계적인 경제위기를 제대로 설명하지 못한다. 규모의 경제니, 효율 위주의 경영이니 하는 것들은 이제 미래를 발목 잡는 도그마가 되어버렸다.

장밋빛 미래와 달콤한 성장을 뜻하는 단어로 꾸며진 전략경영이나, 대책 없이 암울한 미래와 종말론적인 비관론의 경제학은 과거의 잣대로 바라본 해석일 뿐이다. 지금 당장 어떻게 생존할 것인가, 어떻게 진화할 것인가를 모색하는 진화 경영Evolutionary Management으로 전환이 필요한 시대다.

진화 경영으로 전환하려면 가장 먼저 성공 경험을 가지고 있는 리더들이 '생각의 진화'를 해야 한다. 과거에 얽매인 사람은 미래의 생존을 고민하기보다 과거 영광의 일기장만 들춰보며 추억에 빠져든다. 이런 리더들을 위해 부록에 소개된 다윈DARWIN 워크숍은 진화 경영으로 전환하기 위한 '생각의 샤워' 같은 역할을 해 줄 것이다.

닌텐도 역사는 마치 진화경제론에서 말하는 '변화와 진화의 과정'으로 해석될 수 있다. 그래서 '닌텐도의 진화론'을 책의 콘셉트로 잡았다. 어떻게 닌텐도는 다윈의 바다를 건널 수 있었는지 살펴보면서 우리 기업들 역시 "어떻게 진화의 방향을 설정해야 하는가"를 생각할 수 있도록 이 책을 썼다.

이 책은 개인적으로도 의미가 있다. 내가 1986년에 처음으로 경영서를 쓰기 시작한 이래 50번째 책이다. 나는 지난 23년 동안 경영실용 도서만을 써왔다. 책이 50권이면 1만 쪽이 넘는 분량이고 바닥부터 책을 쌓으면 배꼽 높이까지 온다. 이 정도 분량의 책을 쓰려면 24시간 책을 생각하고 거의 매일같이 책을 써야 한다.

나는 1년에 2~3일 정도를 빼고는 매일같이 책을 쓰거나 기업체 강의를 한다. 기업에서의 강의는 항상 새롭게 변해가는 경영의 흐름을 파악하는 역할을 하기도 한다. 그리고 강의한 내용을 정리해서 책으로 쓴다.

기업에서 당장의 어려움을 돌파하고 미래의 비전을 위해 노력하는 사람들을 만나면 분명 희망이 느껴진다. 머리가 꽉 차오르는 듯 충만함과 가슴이 벅차오르는 열정을 가지게 된다. 나는 그 지식과 열정을 책으로 쓰기 위해 손이 시리도록 글을 썼다. 나는 지우고 다시 쓸 수 있는 연필로 백지에다가 글을 쓴다. 샤프 연필로 글을 쓰다 보니 어느 때에는 샤프심을 한 달에 한 통씩 쓰기도 한다. 추사 김정희 선생의 '마천십연磨穿十研' 경지까지는 아니더라도 나 스스로도 진화를 위해 노력하고 있다.

누군가 읽어주는 독자가 있다면 앞으로도 책 쓰는 일을 멈추지 않을 것이다.

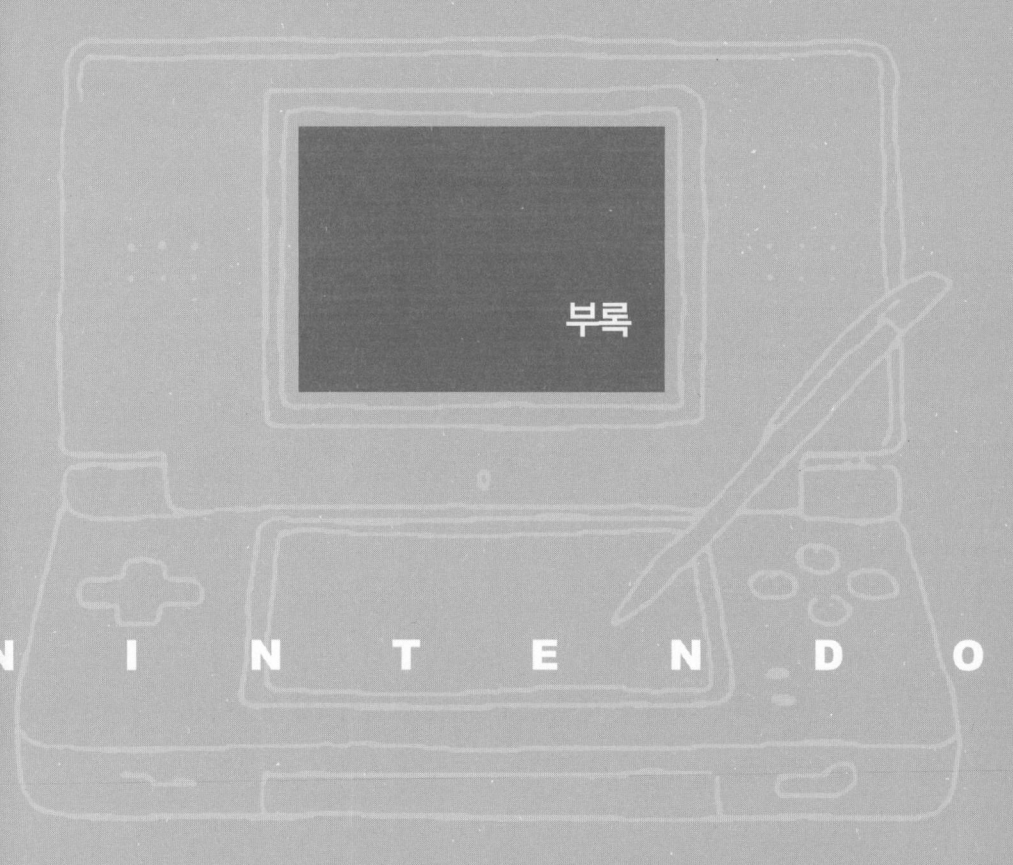

부록

부록 1 진화경제학

    찰스 다윈Charles Darwin이 1859년에 쓴 《종의 기원》은, 그가 1835년에 갈라파고스 제도를 탐험한 후 쓴 책이다. 1973년, 미국의 프린스턴 대학의 피터와 로즈메리 그랜트 교수 부부는 '오랜 시간을 두고 생물은 진화한다'는 다윈의 이론을 증명하기 위해 갈라파고스 제도를 다시 찾았다. 그들은 그 후부터 지금까지 35년이 넘게 이곳에서 핀치새를 관찰하고 있다.

    이들은 최근 몇십 년 사이의 극단적인 기후 변화로 핀치새의 부리가 바뀐 것을 확인했다. 그랜트 부부가 관찰한 핀치새의 부리는 과거에 비해 딱딱한 열매의 껍질을 벗길 수 있도록 크고 단단하며, 꽃에서 꿀을 빨아먹을 수 있게 길고 뾰족하게 바뀌어 있었다. 급변하는 환경에 적응하기 위하여 부리의 모양이 진화한 것이다. 이렇게 부리의 진화가 이루어지지 않았다면 어떻게 됐을까? 아마도 핀치새는 이미 오래전 멸종동물리스트에 올랐을 것이다. 그야말로 '종의 종말'인 셈이다.

과거에는 진화의 과정을 수백만, 수천만 년에 걸쳐 이루어진다고 보았으나 최근엔 그 속도가 훨씬 빨라졌다고 한다. 환경의 변화가 너무나 빠르다 보니 생물의 진화도 그만큼 급격히 이루어지는 것이다. 과연 생물의 진화만 이럴까. 인간의 생활이나 경제활동 역시 하루가 다르게 바뀌고 있다. 더군다나 최근의 글로벌 경제위기는 정신을 차리지 못할 정도로 롤러코스터를 타고 있다. 사람들은 최대한 몸을 웅크린 채 이 위기가 지나가기만을 기다리고 있다.

위기는 또 한 번의 진화를 요구한다. 그럼에도 당장 눈앞의 위기를 모면하고자 몸을 웅크리며 피한다거나 어설픈 대응으로는 절대 살아남을 수 없다. 진화는 '종의 종말'이 아니라 새로운 '종의 기원'을 말한다. 따라서 과거의 사고와 행동방식, 수동적인 태도로는 살아남을 수 없다.

미국의 저명한 사회과학자인 마이클 셔머는 그의 저서 《왜 다윈이 중요한가》에서 "우리는 다윈의 시대에 살고 있다"고 주장한다. 인간이 생물학적으로 진화할 거리가 아직도 남아 있다는 뜻일까? 그러나 여기서 '다윈의 시대'란 사회적, 혹은 경제적인 영역을 말한다. 이른바 사회적 진화론이나 진화경제학 進化經濟學, Evolutionary Economy을 뜻

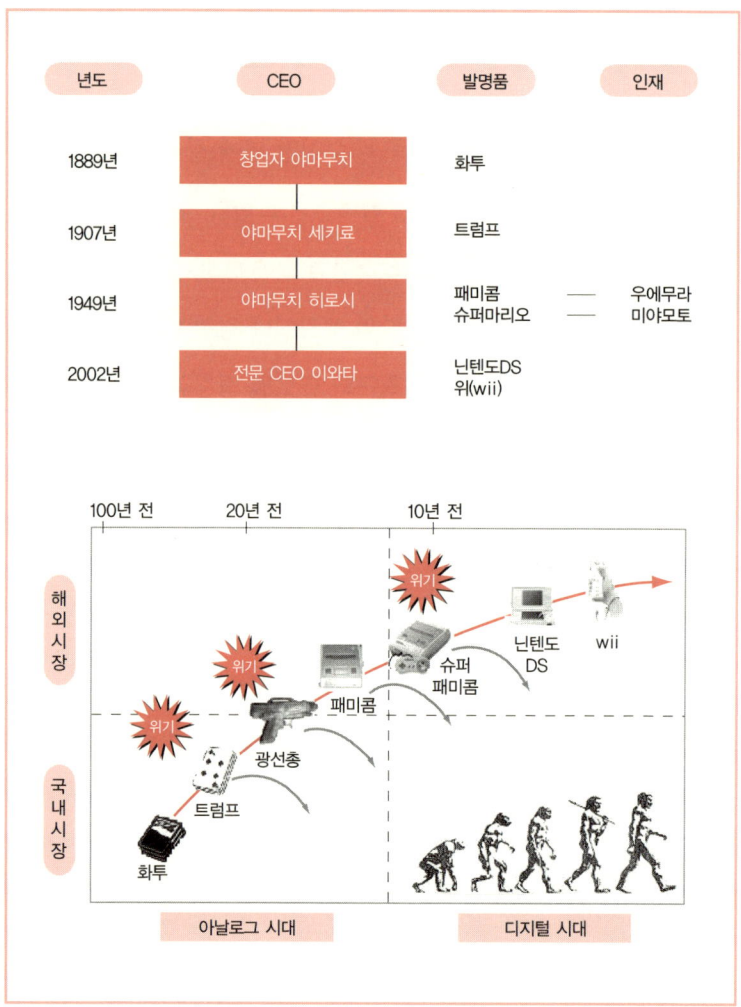

닌텐도의 진화 과정

하는 것이다.

　최근에 주목받는 경제학 이론이 바로 '진화경제학'이다. 지금까지의 경제학은 '합리성을 바탕으로 한 효율의 극대화'를 말했다. 그런데 이 합리성이라는 것의 기준이 갈수록 애매모호해지고 있다. 모든 사람이 똑같은 생각과 동일한 기준으로 살아가는 것이 아니라 다양하고 개별적인 생활방식이 존중받는 시대이기 때문에 합리성의 기준도 각자의 입장에 따라 다를 수밖에 없다.

　경제활동에서도 마찬가지다. 개인의 개성만큼이나 소비와 생산 방식은 다를 수밖에 없다. 중국의 변화에서도 알 수 있듯 더 이상 과거 사회주의와 자본주의 경제활동이란 구분은 무의미해졌다. 이처럼 진화경제학은 다양한 조건과 상황에 따라 각각의 경제활동도 발전하는 방향이나 지향점이 다르다는 것을 인정하는 것으로부터 출발한다. 여기에 합리성이란 없다. '적자생존'의 논리만 남아 있을 뿐이다. 그렇게 살아남아서 환경에 적응하여 '자연선택'을 받는 것이다. 생물이나 기업이나 생태계로 이해한다면 별반 다를 게 없다.

 부록 2 **닌텐도 히스토리**

1889년	화가인 야마우치 후사지로가 화투를 개발하고 이를 판매하기 위해 닌텐도를 창립.
1927년	야마우치 세키료가 2대 닌텐도 회장으로 취임.
1949년	할아버지인 야마우치 세키료가 쓰러지자, 와세다 대학에 재학 중이던 야마우치 히로시(현 명예회장)가 23세의 나이로 3대 회장으로 취임.
1953년	가내 수공업 수준이었던 트럼프 카드의 대량생산 체제를 갖추고 플라스틱 카드를 생산.
1959년	디즈니의 캐릭터를 이용한 트럼프 카드 생산, 오사카와 도쿄의 제2 주식시장에 상장.
1969년	닌텐도는 경영 다각화를 위해 택시회사, 러브호텔, 인스턴트 쌀밥 사업에 진출하지만 거듭 실패.
1964년	완구업에 진출하기 위해 장난감 게임기인 '래빗 코스터'를 발매.
1967년	요코이 군페이의 아이디어로 개발한 '울트라핸드'가 100만 개 넘게 판매.
1970년	샤프의 기술 협조로 광선총을 개발하여 대히트.
1972년	오사카와 도쿄의 제1 주식시장에 상장.

1973년	광선총 기술을 응용하여 레이저 클레이 사격장 사업을 개시.
1975년	미국의 비디오 게임인 '마그나복스'를 수입, 판매.
1980년	최초의 휴대용 게임기 '게임&워치' 개발, 미국 뉴욕에 닌텐도 아메리카 설립.
1981년	'동키 콩' 게임을 6만 5,000개 판매.
1983년	가족용 게임인 '패미콤'이 개발되어 두 달 만에 50만 대 넘게 판매.
1986년	'슈퍼마리오' 게임 출시로 패미콤의 킬러 콘텐츠 역할을 함.
1987년	미국에서 가장 많이 팔린 장난감으로 '패미콤'이 선정.
1990년	16비트 게임기인 '슈퍼패미콤'의 개발.
1991년	'슈퍼패미콤'이 미국에서 출시되어 4,900만 대 판매.
1995년	소니가 32비트 게임기인 '플레이스테이션'을 발매.
1996년	64비트 게임기 '닌텐도64' 발매, 소니에게 게임기 1위 자리를 내주지만 '포켓몬스터 시리즈' 발매로 게임보이 시장 급성장.
2000년	이와타 사토루가 할연구소에서 닌텐도로 합류.
2001년	128비트 '게임큐브'가 발매되나 마이크로소프트의 '엑스박스'에 밀려서 게임기 시장에서 3위 자리로 추락.
2002년	74세의 야마우치 히로시가 회장직에서 물러나 명예회장이 되고, 닌텐도의 새로운 CEO로 이와타 사토루가 취임하고 6인 경영위원회 출범.
2003년	게임시장 진출 이후 닌텐도 최초로 분기별 적자 기록.
2004년	새로운 콘셉트의 게임기인 '닌텐도DS' 발매.
2006년	TV형 가족 스포츠 게임기인 '위' 발매.
2007년	피트니스 기능의 '위 피트' 발매.
2008년	일본의 휴대용 게임기 시장에서 '닌텐도DS'가 65%, 가정용 게임기 시장에서는 '위'가 63% 차지.
2009년	2008년도 회계결산에 따르면, 매출액 1조 8,000천억 엔으로 닌텐도가 지난 117년 동안 성장해온 매출액을 3년 만에 3배 성장.

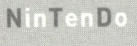

부록 3 창조적 진화를 이끄는 다윈 워크숍

기업에서 닌텐도와 같이 창의적인 비즈니스와 상품을 개발하려면 새로운 업무 프로세스와 툴이 필요하다. 진화론의 입장에서 개발한 '다윈DARWIN 사고법'으로 워크숍을 진행하면 리더와 조직원들의 '생각의 진화'를 촉진할 수 있다.

● 새로운 콘셉트의 상품과 비즈니스를 개발하는 다윈 사고법은 다음과 같다.

D	Detection	환경의 변화를 감지하라
A	Assignment	혁신과제
R	Reason Analysis	문제의 본질을 분석하라
W	Wiki Thinking	집단 창의
I	Implement	실행
N	Never Stop Evolution	계속적인 진화(다시 "D"로)

- **'닌텐도DS'의 개발 과정을 다윈DARWIN 사고법으로 분석해본다.**

환경의 변화를 감지하라 _ Detection

닌텐도는 닌텐도64와 게임큐브를 발매하지만 소니의 플레이스테이션과 마이크로소프트의 엑스박스에 참패하자 충격에 빠진다. 그러자 소니와의 싸움에 몰입하여 계속해서 하드웨어를 업그레이드해왔던 것이 과연 옳은 것인가를 생각하게 된다.

결국 위기의 상황에서 시장을 다시 보게 된다. 게임 전문가들을 위한 게임기 시장의 판매 추이 등 데이터를 살펴보니 1996년을 정점

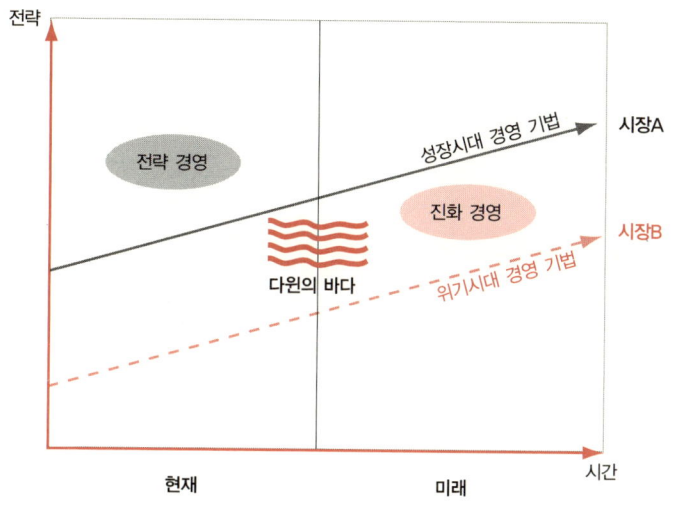

마켓 캔버스

257
부록

으로 게임기 시장은 하강의 기미를 보이고 있었다. 이런 시장의 변화를 감지하고 마켓 캔버스를 그려본다.

혁신과제 _ Assignment

시장의 변화를 감지하고 미래의 시장을 9셀 매트릭스9Cell Matrix로 분석해보니 경쟁사가 못 본 시장이 있었다. 게임기 시장은 20대 전후의 게임 전문가들을 대상으로 하는 시장 외에 5세부터 95세까지 모두가 즐길 수 있는 가족형 게임기 시장도 분명 있었고, 닌테도는 가족형 게임기를 개발하기로 했다.

그동안 게임을 좋아하지 않는 게임기의 비非고객층에게도 재미있

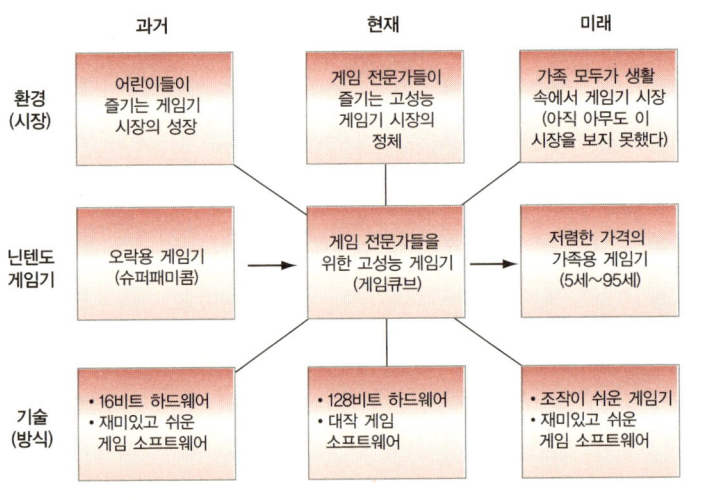

9셀 매트릭스 (9Cell Matrix)

는 게임기를 만드는 것을 혁신과제로 삼았다.

문제의 본질을 분석하라 _ Reason Analysis

혁신과제를 '가족형 게임기의 개발'로 선정한 뒤에 비非게이머들이 게임을 즐기지 않는 문제의 본질을 분석했다.

문제의 객관화를 위해 문제원인분석Problem Cause Analysis, PCA을 한다. 분석 결과 일반인들이 본 기존 게임기의 문제점은 다음과 같았다.

- 일반인에게는 게임이 너무 어려워 재미가 없다.
- 기존 게임들은 폭력성이 강하다.
- 게임기가 고기능이라서 조작이 어렵다.
- 어린이나 성인들은 게임기의 필요성을 느끼지 못한다.

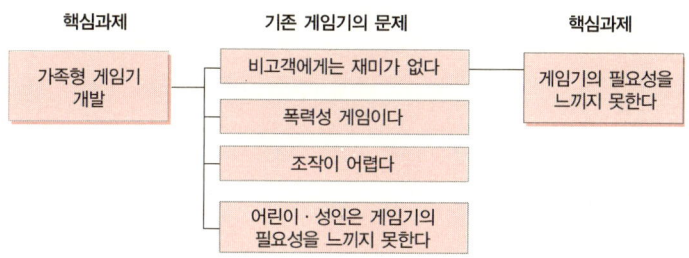

이중에서도 핵심적인 문제를 '게임기의 필요성을 느끼지 못한다'로 설정하였다.

그럼 '게임기의 필요성을 느끼지 못한다'는 핵심문제가 발생하는 원인에 대해서 분석해본다.

- 쉬운 게임이 없기 때문이다.
- 성인용 게임이 없기 때문이다.
- 가족이 함께 할 게임이 없기 때문이다.
- 가격이 비싸다.

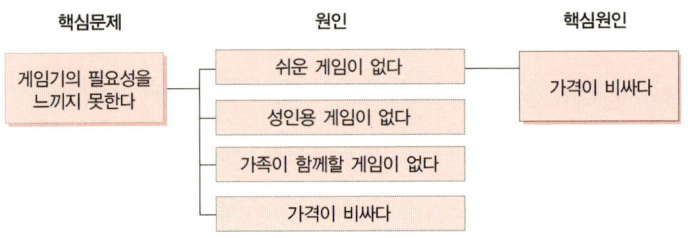

이상의 원인 중에서 핵심원인은 '가격이 비싸다' 일 것이다.

문제와 원인이 객관화되면 이를 해결할 수 있는 방법을 창의적으로 생각해보는 단계로 넘어간다.

집단 창의 _ Wiki Thinking

닌텐도는 과거의 성공과 기존의 게임기에 대한 고정관념을 버리고 새로운 콘셉트의 게임기를 구상하기 위해 창의적인 사고를 한다.

이때 어느 한 사람의 천재적인 아이디어보다는 집단 창의를 위해 '위키 씽킹Wiki Thinking'을 한다.

'위키Wiki'란 인터넷 백과사전인 '위키피디아Wikipedia'에서 쓰인 개념으로 집단지식을 의미한다. 위키 씽킹은 문제를 해결하는 데 집단지식을 이용하는 방법이다.

집단지식을 이용하여 최고의 아이디어를 내려면, 문제요소를 파라미터(매개변수)로 전환하여 위키 매트릭스를 통해 최고의 아이디어를 검색해본다. 위키 매트릭스는 세계 최고의 아이디어를 각각의 해결원리에 따라 데이터베이스로 만들어놓았다. 위키 매트릭스와 해결원리는 부록 뒷부분에 수록되어 있다.

닌텐도가 새로운 개념의 게임기를 개발하기 위한 문제요소와 원인요소를 위키 매트릭스에 대입해보면 다음과 같다.

게임기의 필요성을 느끼지 못한다는 문제요소는 '품질'이라는 파라미터로, 게임기의 가격이 비싸다는 원인요소를 '가격'이라는 파라미터로 전환한다.

위키 매트릭스에 품질과 가격 파라미터를 대입하면 다음 5가지의 해결원리가 제시된다.

01 나누라.

06 하나에 여러 개의 기능이 있다.

08 개방, 활성화하라.

25 사용자가 하게 하라.

35 속성을 변화시키라.

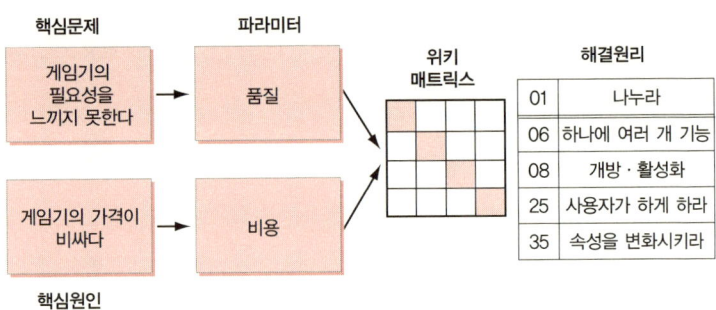

위키 매트릭스에서 제시된 5가지 해결원리를 해석하고 관련 사례들을 보면서 새로운 아이디어를 낼 수 있다.

닌텐도가 5가지 해결원리를 보고 생각한 창의적인 아이디어는 다음과 같다.

- 나누라 → 화면을 2개로 분할하라.
- 하나에 여러 개 기능이 있다 → 보고, 듣고, 쓰고, 말하기 기능을 탑재한다.
- 개방, 활성화하라 → 재미요소를 만들어라.
- 사용자가 하게 하라 → 조작 매뉴얼이 화면에 표시된다.

● 속성을 변화시키라 → 버튼을 터치 기능으로 한다.

	해결원리	새로운 아이디어
01	나누라	● 화면을 2개로 분할
06	하나에 여러 개 기능	● 보고, 듣고, 쓰고, 말하기 기능
09	개방 · 활성화	● 재미요소를 만들어라
25	사용자가 하게 하라	● 매뉴얼이 화면에 표시
35	속성을 변화시키라	● 버튼을 터치 기능으로

이런 창의적인 아이디어로 게임기로서는 처음으로 화면을 2개로 한 '닌텐도DS'의 원형이 만들어졌다. 세부적으로 살펴보면 버튼의 최소화, 터치스크린으로 작동, 한쪽 화면에는 조작 매뉴얼의 표시 등으로 구현되었다. 이런 기능을 적절히 활용하여 영어학습의 4단계인 '보고, 듣고, 쓰고, 말하는' 것을 입력하고 출력할 수 있게 했다.

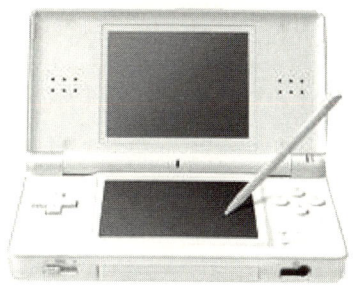

실행 _ Implement

닌텐도에는 하드웨어, 소프트웨어, 콘텐츠 개발인력이 1,000명 정도이고, 제휴사까지 포함하면 5,000명 정도의 인력이 있다. 보통 프로젝트별로 30~70명이 구성되며, 짧은 기간에 개발해야 할 때는 100명이 한 팀이 되기도 한다.

개발과정을 보면, 하드웨어와 소프트웨어를 결합하여 개발하며 100여 개의 모형을 만들어 수많은 실험을 거친다. 또한 게임을 개발한 후에 어린이와 성인들의 테스트를 거쳐 쉽고 재미있는 게임기를 만든다.

게임기를 생산할 때도 모든 것을 내부에서 생산하기보다는 외부 협력사들과 협력해서 생산한다.

계속적인 진화 _ Never Stop Evolution

닌텐도DS를 개발해서 판매가 잘 되고 있을 때, 다시 새로운 콘셉트인 'TV 화면을 이용한 스포츠 게임기' 닌텐도위를 개발한다.

닌텐도위의 판매가 급성장할 때 또다시 피트니스 게임기인 '닌텐도위 피트'를 개발하여 진화를 멈추지 않고 있다.

위키 매트릭스 Wiki Matrix

워크팀 Work Team

개선요소 \ 문제요소	품질	시간	워크플로	비용
품질		품질↑ 시간↑ 01, 05, 10, 15, 24	품질↑ wf↓ 02, 10, 20, 26, 34	품질↑ 비용↑ 01, 24, 25, 31, 32
시간	시간↓ 품질↓ 02, 03, 20, 30, 32		시간↓ wf↓ 03, 05, 15, 19, 25	시간↓ 비용↑ 05, 20, 25, 27, 34
워크플로	wf↓ 품질↓ 03, 12, 20, 31, 39	wf↓ 품질↓ 02, 05, 10, 24, 39		wf↓ 비용↑ 10, 24, 25, 27, 34
비용	비용↓ 품질↓ 01, 06, 08, 25, 35	비용↓ 시간↑ 05, 10, 24, 27, 31	비용↓ wf↑ 13, 15, 24, 25, 31	

프로세스 Process

개선요소 \ 문제요소	고객만족	유연성	생산성
고객만족		cs↑ 유연성↓ 08, 04, 15, 23, 26	cs↑ 생산성↓ 03, 12, 23, 25, 32
유연성	유연성↑ cs↓ 06, 15, 25, 31, 39		유연성↑ 생산성↓ 06, 12, 26, 29, 39
생산성	생산성↑ cs↓ 03, 08, 15, 20, 40	생산성↑ 유연성↓ 08, 14, 15, 29, 40	

전략 Strategy

개선요소 \ 문제요소	마켓	재무
마켓		마켓↑ 재무↓ 04, 05, 20, 33, 38, 40
재무	재무↑ 마켓↓ 01, 04, 20, 24, 27, 30	

※ 위키 매트릭스 활용법은 다위니즘 홈페이지(www.darwinism.kr) 참조

위키 40가지 해결원리

1. 나누어라
2. 뽑아내라
3. 국부적으로 최적화하라
4. 차별화하라
5. 한 번에 동시에 하라
6. 하나에 여러 기능을 연계하라
7. 짝짓기를 하라
8. 개방 · 활성화하라
9. 미리 반대방향으로 조치하라
10. 미리 조치하라

11. 사전에 예방 조치하라
12. 효과적인 지원을 도출하라
13. 거꾸로 하라
14. 곧은 개념을 구부리라
15. 부분적으로 자유도를 부여하라
16. 극단적으로 생각하라
17. 다른 각도에서 보라
18. 고정변수를 변화시키라
19. 연속적이 아니라 주기적으로 하라
20. 유용한 작용을 쉬지 않고 지속하라

21. 유해하다면 빨리 진행하라
22. 유해한 것을 좋은 것으로 바꾸라
23. 피드백을 도입하라
24. 중간 매개체를 이용하라
25. 사용자가 하게 하라
26. 벤치마킹을 하라
27. 값싼 고안을 하라
28. 비유적으로 예시하라
29. 유동성을 부여하라
30. 보조수단을 강구하라

31. 단순화 · 가볍게 하라
32. 기술을 통하여 다르게 보라
33. 본질을 고수하라
34. 버리거나 다시 쓰라
35. 속성을 변화 시키라
36. 전체의 본질을 바꾸라
37. 요인을 팽창 · 수축시키라
38. 자극하라
39. 안정시키라
40. 융합하라(Convergence)

닌텐도 이야기

지은이 | 김영한
펴낸이 | 김경태
펴낸곳 | 한국경제신문 한경BP
등록 | 제 2-315(1967. 5. 15)

제1판 1쇄 인쇄 | 2009년 4월 10일
제1판 1쇄 발행 | 2009년 4월 15일

주소 | 서울특별시 중구 중림동 441
홈페이지 | http://www.hankyungbp.com
전자우편 | bp@hankyung.com
기획출판팀 | 3604-553~6
영업마케팅팀 | 3604-561~2, 595   FAX | 3604-599

ISBN 978-89-475-2700-2
값 13,000원

파본이나 잘못된 책은 바꿔 드립니다.